Inhalt

Einleitung:
Schrifttechnologie und die Welt der Zeichen

Als Carl Faulmann im Jahre 1880 seine «Illustrirte Geschichte der Schrift» publizierte, war sein Werk die erste Universalgeschichte über dieses Thema, und es stand allein in der damaligen akademischen Landschaft. Schriftgeschichte war kein selbständiges Forschungsfeld, und die zeitgenössische Sprachwissenschaft war mehr mit der historischen Rekonstruktion von Sprachverwandtschaften als mit der Entwicklung der Schriftsprachen beschäftigt. Schrift wurde damals nicht als das verstanden, was sie tatsächlich ist, eine Technologie, die sich der Mensch geschaffen hat, um Informationen für den Wiedergebrauch zu konservieren.

Faulmann hatte phantastische Vorstellungen vom Ursprung der Schrift. Nach seiner Auffassung waren die germanischen Runen die Urschrift der Menschheit, und der Autor machte sich besondere Mühe, Vergleiche der Runenzeichen mit der äußeren Gestalt sumerischer Keilschriftzeichen und ägyptischer Hieroglyphen anzustellen. Da Faulmann frühe Entwicklungszustände der sumerischen und ägyptischen Schrift nicht kannte und da die Archäologie damals noch keine verläßlichen Datierungsmethoden hatte, sahen seine Reihenvergleiche überzeugend aus. Faulmanns Annahme vom hohen Alter der Runenschrift paßte zudem gut in die zeitgenössische Weltanschauung der Europäer mit ihrem zivilisatorischen «Sendungsbewußtsein» und ihren kolonialistischen Machtansprüchen.

Bis heute basteln Hobbyhistoriker und Schriftforscheramateure an Zeichenvergleichen zwischen Runen und frühen Schriften der Alten Welt. Faulmanns Thesen haben sich hartnäckig gehalten, obwohl sie durch neuere Erkenntnisse – nicht zuletzt durch exakte Datierungen alter Schriftfunde – längst überholt sind. Seit längerem ist bekannt, daß die Runen um mehrere Jahrtausende jünger sind als die ältesten Schriften

Mesopotamiens oder Ägyptens. Jahrzehntelang stand die Schriftforschung unter dem Eindruck der archäologischen Funde in Mesopotamien, durch die immer ältere Kulturschichten des Alten Orients aufgedeckt wurden. Die Erkenntnisse über die alten sumerischen und akkadischen Kulturzentren verdichteten sich. «Ex oriente lux» (‹Licht aus dem Osten›) war das Schlagwort, das die kulturhistorische Betrachtung seit den 1940er Jahren dominierte. Danach lag die Wiege der Zivilisation in Mesopotamien, und von dort seien auch die Impulse für die Entstehung der Hochkulturen in Europa ausgegangen.

Bis heute ist der Mythos lebendig geblieben, wonach die älteste Schrift der Menschheit in Mesopotamien entstanden sei: das altsumerische Schriftsystem, das piktographische Symbole verwendete. In der Tat stammen die ältesten unscheinbaren Tontäfelchen mit Warenlisten und Aufrechnungen in Mesopotamien aus der Zeit um 3200 v. Chr.

In den letzten Jahrzehnten sind nun aber weitaus ältere Schriftfunde bekannt geworden, und die stammen aus Ägypten und Europa. Auf die Spuren dieser älteren Schrifttraditionen gelangte die Forschung auf ganz verschiedenen Wegen.

In den 1970er Jahren wurde für die vorgeschichtlichen Epochen Europas eine neue Chronologie erarbeitet. Es war schon seit längerem bekannt, daß die C14-Methode, d. h. die Datierung aufgrund von Radiokarbonmessungen, umso ungenauere Daten liefert, je weiter man über 1000 v. Chr. in die Vorgeschichte zurückgeht. Die älteren Radiokarbondaten wurden nun durch die Dendrochronologie (Baumringaltersbestimmung) kalibriert, d. h. ausgeglichen. Die absoluten Zeitdaten, die auf diese Weise gewonnen wurden, ergaben eine weniger gedrungene Kulturchronologie Europas, die inzwischen von Archäologen und Historikern allgemein akzeptiert worden ist.

Zeiträume der Vorgeschichte Europas, die mittels der C14-Methode auf wenige Jahrhunderte zusammengedrängt erschienen, erweitern sich auf mehrere Jahrtausende. Aufgrund der neuen Datierung werden auch die archäologischen Funde in eine neue Kulturchronologie gestellt, darunter alte Schriftzeugnisse der Donauzivilisation, deren Datierung bis vor kurzem verzerrt war. Die ältesten Schriftdokumente stammen aus der Zeit um 5300 v. Chr., sind also wesentlich älter als die ältesten Funde Mesopotamiens.

Nicht weniger bemerkenswert als die Revolution der Kultur-chronologie in Europa ist die Entdeckung prädynastischer Schriftzeugnisse in Ägypten. Seit Ende der 1980er Jahre haben sich die Ausgrabungen auf Gräber der prädynastischen Epoche (Königsfriedhof von Abydos) konzentriert. Diese Königsgräber werden auf die Zeit zwischen 3320 und 3150 v. Chr. datiert, also auf die Ära, als Ägypten noch in zwei Teilreiche, Oberägypten und Unterägypten, geteilt war. Auf Siegeln, mit denen Vorrats-behälter verschlossen worden waren, finden wir die ältesten Schriftzeichen Ägyptens, und deren Gebrauch ist älter als die Verwendung von Schrift in Altsumer.

Statt der älteren These «Ex oriente lux» zeigt uns also die mo-derne Perspektive der Schriftforschung gerade die gegenteilige Richtung an, nämlich den Beginn des Schriftgebrauchs im Abendland («ex occidente lux», ‹Licht aus dem Westen›), und zwar in einer der «untergegangenen Zivilisationen der Steinzeit» (Rudgley 1998: 68 ff.). Diese Kehrtwendung in der Kultur-geschichte ist aber keineswegs als die Wiederbelebung eines eurozentrischen Zeitgeistes mißzuverstehen, dem Faulmann im Zeitalter des Kolonialismus verpflichtet war. Die zivilisatori-schen Leistungen der alten Kulturen Mesopotamiens und Ägyp-tens werden nicht durch Fakten geschmälert, die belegen, daß Europa eine noch ältere Tradition zivilisatorischer Institutio-nen kennt. Die europäische Kulturentwicklung, und auch die Schriftgeschichte, hat den Impulsen aus Afrika und Asien viel zu verdanken. Nur zeigt uns die neue Kulturchronologie, daß diese Impulse erst später wirkten, zu einer Zeit, als sich die Euro-päer schon eine Weile mit ihrem eigenen Zivilisationsexperi-ment beschäftigt hatten.

In der Geschichte der kulturellen Evolution des Menschen be-deutet der Schriftgebrauch eine echte Revolution für die Infor-mationsspeicherung und Datenwiederverwendung. Das mensch-liche Gedächtnis hat eine recht begrenzte Speicherfähigkeit. Diese

Feststellung gilt ganz allgemein, selbst wenn in einigen Kulturen Ausnahmefälle von extremen Gedächtnisleistungen zu finden sind. Bekannte Beispiele sind etwa das Memorieren jahrhunderte-alter Genealogien durch Spezialisten der oralen Tradition in Westafrika oder die zum Teil bis heute erhaltene Erzählkunst karelischer Barden, die Tausende von Strophen des finnischen Nationalepos «Kalevala» auswendig rezitieren konnten.

1. Kulturen ohne Schrift
und die Herausforderung des Gedächtnisses

In unserer Zeit wird das Wissen über unsere Welt – wie seit Jahr-hunderten – in enger Bindung an die Technologie «Schrift» ak-kumuliert. Selbst wenn der größte Teil aller Informationen, die in Datenbanken gespeichert werden, digitalisiert ist, werden diese Daten bei Abruf in Schrift umgesetzt, damit der Mensch in der Lage ist, sie zu verwenden. Schrift wird also in unserem digi-talen Zeitalter nicht mehr hauptsächlich dafür verwendet, Infor-mationen zu speichern. Um aber digital gespeicherte Daten ver-fügbar zu machen, ist die Schrift auch heute ein unverzichtbares Medium, mit dem Wissen über unsere Welt umzugehen.

In einem Milieu der Literalität, wo Analphabetismus eine Marginalie ist, besteht kaum Anlaß, über Alternativmodelle von Gesellschaften nachzudenken, die ohne Schrift funktionieren. Anders ist die Situation in Entwicklungsländern, wo Literalität ein Privileg der sozialen, wirtschaftlichen und politischen Elite ist, Analphabetentum dagegen ein Charakteristikum der Le-bensbedingungen breiter Bevölkerungsschichten. Was diese Welt trotz ihres Literalitätsgefälles allerdings mit den entwickel-ten Staaten und ihrer allgemein verfügbaren Schriftlichkeit ge-mein hat, ist das alternativlose zivilisatorische Idealbild von Schriftkultur.

Es gibt jedoch zahlreiche Kulturen, die bis heute ohne Schrift-gebrauch existieren: in der Regenwaldzone Brasiliens, Venezuelas und Kolumbiens, in der Sahelzone Afrikas, im Dschungel Malaysias, in den unzugänglichen Bergtälern Papua-Neuguineas und im Outback des australischen Kontinents. Die schriftlosen Kulturen der Moderne sind vertreten bei Kleinvölkern, deren Sprachen nur noch von wenigen hundert oder tausend Sprechern gesprochen werden. Die Existenz vieler dieser Kleinvölker ist bedroht, und ihre Kulturen laufen Gefahr, im Sog des globalen Assimilationsdrucks unterzugehen.

Allerdings gibt es auch Kleinvölker, deren Bestand bis heute kaum gefährdet ist. Dies trifft etwa auf die rund 900 Etoro im bergigen Binnenland der Bosavi-Region Papua-Neuguineas zu. Die Etoro sind Meister traditionaler Lebensweisen, die uns Menschen der Schriftlichkeit beweisen, daß Kultur auch ohne Schrift funktionsfähig ist. Zwar sind Requisiten der modernen Zivilisation bis zu den Etoro gedrungen, wie etwa T-Shirts, Stahläxte, Plastikeimer und gelegentlich Coca-Cola-Dosen; Schrift und Literalität bleiben aber in der Welt der Regenwaldsiedlungen weiterhin ohne Bedeutung.

Dort, wo keine Schrift verwendet wird, glaubt der Europäer «Primitivität» zu erkennen. Bei genauerem Hinsehen muß man staunend zugestehen, daß es vielerlei Fertigkeiten und Techniken bedarf, um ohne die Errungenschaften der Industriegesellschaft das Leben in einer Dorfgemeinschaft zu organisieren. Die Etoro sind ein gutes Beispiel dafür, wie eine traditionale Kultur mit jahrtausendealten Wurzeln im Einklang mit der natürlichen Umwelt bis heute funktionstüchtig geblieben ist.

Selbst in den einfachsten traditionalen Kulturen finden wir eine lebendige orale Erzähltradition mit vielerlei Erzählstoffen und -formen. Wir treffen auf eine vielschichtige visuelle Symbolik, die uns in den narrativen Zeichensequenzen von Bilderzählungen entgegentritt, beispielsweise in Form von Wandmalereien in den Felshöhlen des Ayers Rock (Uluru) in Zentralaustralien, in den rituellen Sandbildern der Navaho in Arizona, im farbigen Perlenschmuck der Zulu in Südafrika, dessen Arrangements sowohl den Sozialstatus des Trägers bzw. der Trägerin anzeigen als auch kommunikative Funktionen besitzen (z. B. in den Botschaften des aus Perlen gefertigten «Liebesbriefs»).

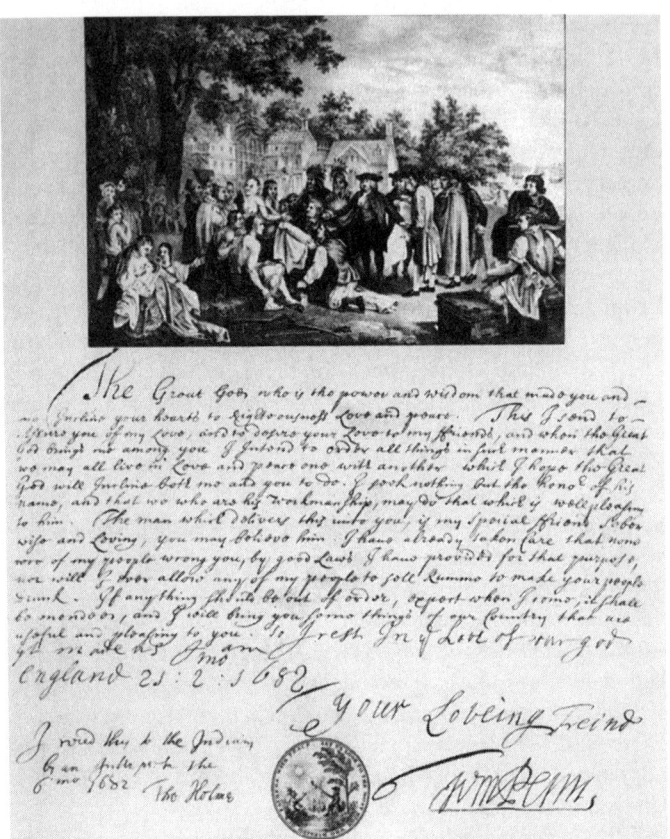

Der Erfindungsreichtum der Menschen in traditionalen Kulturen, Informationen ohne Schrift, aber mit visuellen Mitteln für den Wiedergebrauch zu fixieren, ist beeindruckend. Die Kulturgeschichte der nordamerikanischen Indianer bietet besonders interessante Beispiele für Mnemotechniken, bei denen visuelle Mittel und mündliche Textüberlieferung in symbiotischer Verflechtung zum Einsatz kommen. Eines von zahlreichen Beispielen in der Kolonialgeschichte, das den großen Kulturkontrast zwischen der Welt der Schriftlichkeit und der Welt der visuell-

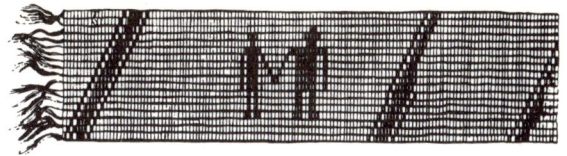

Abb. 1. Der Vertrag William Penns mit den Delawaren
aus dem Jahre 1682 (Haarmann 1992)
links: Die Vertragsversion der Weißen
oben: Die Vertragsversion der Indianer

oralen Mnemotechniken veranschaulicht, ist der Vertrag, den
William Penn im Jahre 1682 mit den Delaware-Indianern über
den Erwerb von Ländereien in der Region aushandelte, die später nach ihm Pennsylvania benannt wurde (Abb. 1). Penn setzte
einen entsprechenden Text in englischer Sprache auf. Das Stück
Papier mit dem Bild und den schwarzen Strichen darauf hatte
für die an der Verhandlung beteiligten Indianer wenig Bedeutung. Um das denkwürdige Ereignis des Vertragsabschlusses für
ihre Nachkommen festzuhalten, fertigten die Delawaren ihre

eigene Vertragsversion aus. Dieses Dokument wiederum sagte den Weißen wenig, für sie waren das drei Gürtel mit schmückenden Mustern. Mit einem Algonkin-Wort werden diese Gürtel mit mnemotechnischer Funktion *wampum* genannt. Sie bestehen aus mehreren zusammengesetzten Schnüren, an denen ovale Scheiben farbiger Muscheln aufgereiht sind. Auf dem ersten Wampum des Vertrags mit Penn sind die Vertragspartner in Gestalt eingestickter Figuren dargestellt. Die geometrischen Motive auf den beiden anderen Gürteln symbolisieren Berge und Flußläufe. In den Gürteln wird die Farbe Rot nicht verwendet, denn sie symbolisierte den Begriff ‹Krieg›. Die Mnemotechnik der Wampum ist sehr einfach, und es besteht keine Möglichkeit, bestimmte Ideen exakt mit den Bildmotiven zu assoziieren.

Es gibt allerdings Varianten einer visuellen Mnemotechnik bei den Indianern Nordamerikas, deren Kapazität, Informationen in linearen Sequenzen zu fixieren, weitaus spezialisierter ist als im Fall der Wampum. Die bei den Ojibwa und anderen Algonkin-Stämmen verbreitete Form der Bilderzählung (*kekinowin*) assoziierte Ideenketten mit linearen Bildsequenzen. Ein Beispiel dafür, wie die Technik der Kekinowin funktioniert, ist das «Walam Olum», die Stammeschronik der Delawaren. Sie ist auf insgesamt fünf Blättern aus Birkenrinde überliefert und beginnt mit der Darstellung mythischer Vorstellungen über die Erschaffung der Welt.

Das Äquivalent der einzelnen Bildmotive des «Walam Olum» sind komplette Ideenbündel, deren narrativer Inhalt sprachlich ganzen Sätzen entspricht. Der Informationsgehalt einzelner Bilder ist einerseits sehr kompakt, die Assoziation der Bilder mit sprachlichen Ausdrucksformen andererseits ziemlich diffus. Die Art und Weise, wie der narrative Text memoriert wird, hängt daher von der Rezitierkunst des Erzählers ab, der die Stammeschronik vorträgt. Das Beispiel der Kekinowin zeigt deutlich, daß es noch eines erheblichen Entwicklungssprungs in der visuellen Mnemotechnik bedurfte, bevor das Stadium erreicht war, wo ein einzelnes Bildmotiv einer Einzelidee entsprach wie beim ältesten Schriftgebrauch der Menschheit nach dem Prinzip der Logographie.

Interessanterweise ist dieser Entwicklungssprung in einigen Kulturen Amerikas zu beobachten. In einer Stratigraphie regionaler Mnemotechniken im präkolumbischen Mesoamerika begegnen wir einem Kontinuum verschiedener Entwicklungsstufen. Diese reichen von der Bildtechnik (wie in aztekischen Faltbüchern) über kombinierte piktographisch-logographische Mischtechniken (wie in mixtekischen Faltbüchern) und über logographische Schreibweisen olmekischer Stelen zum logographisch-phonographischen Zeichengebrauch in den Kalendersteinen und Hieroglyphentexten der Maya (s. Kap. 3).

Im frühen Entwicklungsstadium der Experimente mit visuellen Mnemotechniken können außer Symbolen in narrativen Sequenzen auch Zeichen eine Rolle spielen, mit denen numerische Begriffe bezeichnet werden. Ein illustratives Beispiel für einen solchen vorschriftlichen Zeichengebrauch ist das System von Symbolsteinen (im Englischen *tokens* genannt), die vom 8. bis 4. Jahrtausend v. Chr. als Inventarlisten und «Quittungen» für den Warenverkehr in den Handelsbeziehungen der Völker des Vorderen Orients verwendet wurden. Zunächst waren es koni-

Symbol-steine	Piktographisches Zeichen	Bedeutung
		‹Schaf›
		‹Kuh›
		‹Hund›
		‹Brot›
		‹Öl›
		‹Lebensmittel›
		‹Matte›
		‹Textilie›

Abb. 2. Symbolsteine und Zeichenäquivalenzen
in der altsumerischen Piktographie (nach Schmandt-Besserat 1996)

sche Objekte, die die Stückzahl von Waren symbolisierten und
die der Händler in einem Tonbehälter (*bullae*) verschloß. Dieser
Behälter wurde nach der Lieferung vom Käufer aufgebrochen,
um die gelieferte Stückzahl (z. B. Schafe oder Gefäße mit Korn) zu
überprüfen. In der Spätphase der Verwendung von Symbolsteinen wurden Stückzahl und Warenbezeichnung in die Außenseite
der Warenliste eingeritzt.

Aus dem Repertoire der Symbole für Zahlenbegriffe und Waren, die im Handelsverkehr Mesopotamiens üblich waren, sind
etwa 30 in das Inventar der Zahlzeichen und piktographischen
Symbole der altsumerischen Schrift übernommen worden
(Abb. 2). Bereits auf der ältesten Stufe der Schriftverwendung
Sumers (Tontafeln der Fundschichten von Uruk III und IV) wurden nicht weniger als 770 Zeichen unterschieden. Bezogen auf
diese maximalen Proportionen des Symbolinventars der altsumerischen Piktographie nimmt sich der Anteil der Zeichen,
die aus dem älteren System der Symbolsteine stammen, allerdings verschwindend gering aus.

2. Wer hat wann, wo und warum mit dem Schreiben angefangen?

Wenn man davon ausgeht, daß der Schriftgebrauch die Möglichkeiten der Informationsspeicherung enorm erweitert hat und
daß höhere Kulturentwicklung von der Verwendung dieser Informationstechnologie abhängig ist, stellt sich die Frage, wer
wann von dieser Technologie erstmals profitiert hat.

Wer besaß zuerst Schrift und wer kontrollierte Wissen?

Die ökologischen Bedingungen der Schriftverwendung sind in
den Zivilisationen der Antike grundlegend andere als in der
Neuzeit. Wir sind heute daran gewöhnt, daß neue Informations-

technologien ihren eigentlichen Nutzen entfalten, indem sie einer breiten Bevölkerung zugänglich sind. Genau dieser Aspekt der Breitenwirkung war in der Antike unbekannt. Der Schriftgebrauch stand in keiner der alten Zivilisationen im Dienst einer Verbesserung des Informationsflusses oder einer Anhebung des Bildungsstandes bei breiten Bevölkerungsschichten.

In allen archaischen Zivilisationen hatte der Schriftgebrauch elitäre Züge, denn die Schrift wurde von Spezialisten für spezielle Zwecke verwendet. Die traditionelle Schriftforschung weiß davon zu berichten, daß der Schriftgebrauch im Dienst staatlicher Institutionen stand, denn nach herkömmlicher Auffassung war die Entstehung der alten Zivilisationen ursächlich an den Aufstieg machtpolitischer Zentren und damit an eine frühe staatliche Ordnung lokaler Gesellschaften gebunden. Diese Verhältnisse treffen in der Tat auf die Entwicklung im Alten Orient zu.

Heute gilt aber die Annahme als überholt, daß das mesopotamische Zivilisationsmodell mit seiner frühen Staatsbildung gleichsam der Prototyp für alle Experimente mit zivilisatorischen Institutionen – und dementsprechend auch mit der Schrift – in der Alten Welt gewesen sei. Aufgrund einer Neubewertung archäologischer und kulturhistorischer Daten weiß man, daß es frühe Gesellschaften mit Schriftgebrauch gegeben hat, die noch keine staatliche Ordnung kannten, daß diese also im Formationsprozeß früher Zivilisationen nicht die entscheidende Rolle spielte, die man ihr lange Zeit beigemessen hat.

In Südosteuropa, an den Stätten der alten Donauzivilisation, haben die Archäologen keine Spuren gefunden, die auf die Existenz eines Staatsgebildes oder auf eine hierarchische Sozialordnung deuten würden. Wohl aber gab es entlang der Donau und ihrer Nebenflüsse Einrichtungen, die auch aus anderen Regionen mit frühen Zivilisationen bekannt sind: Großsiedlungen von städtischen Ausmaßen, Ackerbau und Vorratswirtschaft, ein reich verzweigtes Netzwerk spezialisierter Handwerksberufe, Metallverarbeitung und ein differenziertes Repertoire von Kultursymbolen.

Die Zivilisation, die sich im Verlauf des 6. Jahrtausends v. Chr.

in Südosteuropa herausbildete, wurde von einer Gemeinschaft getragen, in der der soziale Status der Männer wie der Frauen nicht hierarchisch, sondern egalitär organisiert war (*egalitarian commonwealth*). Wir haben es mit einer Gesellschaft zu tun, in der keine soziale Elite tonangebend war, sondern wo Menschen mit aufeinander abgestimmten Interessen den Aufbau eines agrarischen Gemeinwesens mit urbanen Großsiedlungen vorantrieben, das in seiner Entwicklung eine Vorreiterrolle spielte. Und diese Gesellschaft kannte auch eine der zentralen Institutionen, ohne die keine Hochkultur der Welt funktioniert: Schrift.

In anderen Regionen der Welt gab es damals noch nichts Vergleichbares. In Mesopotamien sollte es noch bis ins 5. Jahrtausend v. Chr. dauern, bis die ersten städtischen Agglomerationen entstanden (Samarra), und die sumerischen Stadtstaaten blühten erst im 4. Jahrtausend v. Chr. auf. Weshalb waren gerade in Südosteuropa die Bedingungen für die Entstehung von Zivilisation günstiger als anderswo, warum ging also das «Licht der Zivilisation» zuerst im Westen auf («ex occidente lux»)?

Jede der Zivilisationen der Alten Welt hat ihre eigene Entwicklungsdynamik, die von vielerlei Faktoren abhängt. Allerdings gibt es besondere Umstände, die es plausibel machen, warum gerade in Südosteuropa früher als anderswo mit zivilisatorischen Institutionen experimentiert wurde. Offensichtlich hat ein zufälliges Ereignis, das von Geologen um 5600 v. Chr. angesetzt wird, die Region am westlichen Schwarzen Meer entscheidend verändert: Als Folge der Erwärmung nach der letzten Eiszeit füllten sich die Weltmeere mit dem Schmelzwasser der enormen Eismassen, die sich in vielen Jahrtausenden aufgetürmt hatten. Auch im östlichen Mittelmeer stieg der Wasserspiegel an. Damals existierte noch eine Landbrücke zwischen dem Mittelmeer und dem späteren Schwarzen Meer, das als Binnensee isoliert war. Eine Klimaschwankung brachte eine zeitweilige Erwärmung, und der Wasserpegel im Gebiet der Dardanellen stieg auf Höchstmarken. Dann brach der Riegel, möglicherweise ausgelöst durch ein Erdbeben. Gigantische Massen von Wasser und Schlamm ergossen sich in den ehemaligen Binnensee. Da der Niveauunterschied über hundert Meter betrug, donnerten die Wassermassen jahrelang durch die Enge und überfluteten weite Teile der angrenzenden südrussischen Ebene. Rings um das Schwarze Meer, auch im nordwestlichen und nördlichen Küstengebiet, gab es zur Zeit dieser Naturkatastrophe neolithische Siedlungen früher Ackerbauern, die nun aufgegeben werden mußten. Die Fluchtbewegung ging hauptsächlich in Richtung Südosteuropa, ins Donautal. In der materiellen Hinterlassenschaft jener Region zeichnete sich ein drastischer Wandel ab.

Etwa um 5500 v. Chr., also bald nach der Flutkatastrophe, entstanden viele neue Siedlungen, außerdem wurde das Gelände alter Siedlungsplätze erweitert. Ganz offensichtlich gingen die Menschen aus der Schwarzmeerregion mit beachtlicher Dynamik daran, neue Wohnsitze anzulegen und die Infrastruktur der agrarischen Lebensweise wiederherzustellen. Aus diesem kollektiven Aufschwung entstand die älteste Zivilisation der Welt an der Wasserstraße, die mit ihrem Verkehrsnetz ganz Südosteuropa durchzieht.

Auffallend an den Institutionen dieser frühen Zivilisation, die Donauzivilisation oder alteuropäische Zivilisation genannt wird, ist die vielgestaltige religiöse Symbolik. Sie wurde aus dem Inventar alter Kultplätze mit ihren Opferaltären und Kultgegenständen, aus Votivbeigaben in Gräberfeldern und anhand zahlreicher Skulpturen rekonstruiert, die bei den Ausgrabungen ans Licht kamen. Viele der Skulpturen und Kultgegenstände sind mit allerlei geometrischen Mustern verziert. Eine eigene Gruppe von Gegenständen sind solche mit Sequenzen eingeritzter Zeichen, die aufgrund ihres asymmetrischen Charakters unschwer als Inschriften erkennbar sind und nicht mit Ornamenten verwechselt werden können.

Religiöse Funktionen des Schriftgebrauchs in Alteuropa und Altchina

Beschriftete Objekte sind an alteuropäischen Ausgrabungsstätten bereits Ende des vergangenen Jahrhunderts gefunden worden. Aber die Fixierung der damaligen Forscher auf die Exklusivität der mesopotamischen Schrifttradition mit ihrem hohen Alter und das Fehlen einer zuverlässigen Chronologie standen einer Identifizierung der frühen Schriftfunde auf europäischem Boden im Wege. Inzwischen ist das hohe Alter des Schriftgebrauchs in Südosteuropa in mehreren Studien unabhängig voneinander bestätigt worden. Die Verwendung der Schrift setzt dort um 5500 v. Chr. ein. Zu den ältesten längeren Zeichensequenzen gehören die auf den Tontafeln von Tărtăria in Transsylvanien (Rumänien), deren absolutes Alter auf ca. 5300 v. Chr. angesetzt wird.

Es hat nicht an phantastischen Versuchen gefehlt, das kulturelle Umfeld der Schrifttafeln von Tărtăria zu ergründen. Das Phänomen Schrift hat so manchen Forscher verleitet, nach Assoziationen mit dem Alten Orient zu suchen. In den 1960er und 1970er Jahren bemühte man sich, die Tafeln von Tărtăria in eine direkte Beziehung zu den Sumerern zu stellen. Man vermutete in Transsylvanien die Existenz einer sumerischen Kolonie (!), und man stellte sich die Anwesenheit sumerischer Kulturheroen (Schriftexport) und von Prospektoren vor, die die nahen Kupfervorkommen ausbeuteten.

Eine weitere Diskussion über die mesopotamische These erübrigt sich angesichts des inzwischen bekannten Zeitgefälles zwischen der älteren Kultur Alteuropas und der jüngeren Kultur Sumers. Vielmehr wird bereits die Frage gestellt, ob nicht die alteuropäische Schrifttradition ihrerseits der sumerischen Impulse vermittelt haben könnte. Ob es für solche Impulse den konkreten Hintergrund einer alten west-östlichen Kulturdrift gibt, wird derzeit diskutiert.

Die Schrifttafeln von Tărtăria reihen sich ein in die Sammlung alteuropäischer Inschriften auf Objekten aus Kulturstätten des Vinča-Areals und angrenzender Regionen. Die meisten Schriftfunde stammen aus der Periode zwischen 4500 und 4000 v. Chr. Beschriftete Gegenstände sind an nicht weniger als 35 Siedlungsplätzen des Vinča-Areals entdeckt worden. Die breite Streuung der Funde beweist, daß die Schrifttechnologie nicht nur an einem Ort verbreitet, also keine Ausnahmeerscheinung war. Der Schriftgebrauch setzt im Norden der alteuropäischen Kulturzone ein und verbreitet sich allmählich bis in den Süden. Die

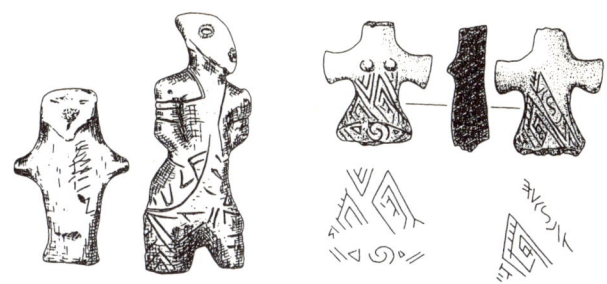

Abb. 3. Beschriftete Tonstatuetten als Schriftdenkmäler
der Donauzivilisation, 6. und 5. Jahrtausend v. Chr. (Haarmann 1992)

jüngsten Inschriften stammen aus dem nördlichen Griechenland, aus der Zeit um 3200 v. Chr.

Unter den beschrifteten Objekten ist eine bestimmte Kategorie besonders auffällig, und zwar Tonfiguren, vor allem von den
Fundstätten im Vinča-Areal. Die große Mehrheit dieser Figuren
hat weibliche Attribute (Abb. 3). Die weiblichen Statuetten
fügen sich funktionell als Votivgaben (in Heiligtümern und als
Grabbeigaben) sowie als Identifikationssymbole (in der weiblichen Sphäre des Haushalts) in das Gesamtbild einer matrifoka-
len Gesellschaft, zu deren frühagrarischen Riten der Kult einer
dominierenden weiblichen Gottheit gehörte.

Die kulturelle Einbettung der beschrifteten Objekte, insbesondere der weiblichen Statuetten, spricht dafür, daß der Schriftgebrauch in Alteuropa aufs engste mit dem religiösen Leben assoziiert war. Bei den auf Kultobjekten gefundenen Inschriften
haben wir wohl Weihinschriften oder rituelle Formeln vor uns.
Die Verwendung der Schrift im religiösen Zusammenhang blieb
deren wichtigste Funktion während der gesamten alteuropäischen Periode, sei es mit rituellem Charakter an Kultplätzen, sei
es in Verbindung mit geweihten Gegenständen im häuslichen
Milieu. Zur letzteren Gruppe von beschrifteten Gegenständen
sind auch Spinnwirtel zu rechnen.

Spinnwirtel gehören zu den Webutensilien, und in den allermeisten (wenn nicht sogar allen) Kulturen der Welt ist dieses
Handwerk eine weibliche Tätigkeit. In vielen Kulturen und ins-

besondere in Südosteuropa ist das Weben aufs engste mit weiblichen Gottheiten als Schutzpatroninnen dieses Handwerks assoziiert. Deutlich sind solche Assoziationen in der griechischen Mythologie verankert. Die Tätigkeit des Webens wird symbolisch mit Göttinnen wie Hera, Aphrodite, Athene und Artemis verknüpft. Athene bringt nach mythischer Überlieferung den irdischen Frauen das Weben bei. Für die Statue der Athene auf der Akropolis wurde anläßlich des alljährlichen Panathenaia-Festes ein Umhang gewebt, und heiratsfähige Frauen brachten der Artemis an ihren Kultplätzen Textilien sowie Webutensilien als Weihgaben dar. Spinnwirtel wurden auch im klassischen Griechenland beschriftet, und die viel älteren alteuropäischen Vorbilder sind wie diese unschwer als Invokationen an die Schutzpatronin des Webens zu verstehen.

In Alteuropa war Schrift ein religiöses Medium, dessen Gebrauch in engem Zusammenhang mit der Ausführung ritueller Handlungen und der Durchführung religiöser Zeremonien stand. Die Kapazität der Informationsspeicherung beschränkte sich darauf, rituelle Formeln in Weihinschriften zu fixieren, auf Skulpturen und Kultobjekten. Die Schrift war ein Instrument der Priesterschaft, der Spezialisten, die über die Einhaltung und korrekte Durchführung religiöser Riten zu wachen hatten.

Ähnliche Verhältnisse wie in Alteuropa sind auch aus Altchina bekannt. Im Frühstadium des Schriftgebrauchs – während der späten Shang-Periode und älteren Zhou-Periode (ca. 1200 – 8. Jahrhundert v. Chr.) – hatte die Allgemeinheit keinen Anteil an ihm. Die Technologie «Schrift» stand ausschließlich im Dienst des Orakelwesens, und davon profitierten nur der Kaiser und Angehörige der Herrscherfamilie. Die Befragung der Ahnengeister und die Erkundung guter oder schlechter Fügung der Schicksalsmächte wurde intensiviert durch das mächtige Medium der Schrift, das größere Effektivität versprach als das gesprochene Wort. Seit jener Zeit haben sich in China Vorstellungen über magische Funktionen der Schrift erhalten, und der praktische Nutzen von Schrift ist – anders als bei den Europäern – in China nie als deren alleiniger Zweck verstanden worden. Bis heute sind schriftmagische Vorstellungen im kulturellen Gedächtnis der Chinesen bewahrt.

Die alteuropäisch-altägäische Schriftkultur

Die Balkanregion zeigt bereits im Paläolithikum und insbesondere im Mesolithikum einen großen Reichtum an abstrakten und geometrischen Motiven, als Ornamente und als Symbole in der religiösen Ikonographie. Zahlreiche Elemente dieser Vielfalt an abstrakten Motiven werden später für das Zeichenrepertoire der alteuropäischen Schrift selektiert. Die Schriftlichkeit in der alten Donauzivilisation entfaltete sich in enger Assoziation mit den Motiven der zeitgenössischen religiösen Ikonographie, wie die visuellen Parallelen deutlich zu erkennen geben.

Angesichts des hohen Grades an Abstraktheit, der sich im Repertoire alteuropäischer Kultursymbole und Schriftzeichen manifestiert, stellt sich die Frage nach den Ursprüngen der einzelnen Motive. Aus traditioneller Sicht müßte man nach irgendwelchen naturalistischen Prototypen suchen, aus denen dann in immer stärkerer Stilisierung abstrakte Motive entstanden wären. Nach neueren Erkenntnissen der zeichentheoretischen Forschung ist diese Suche aber gar nicht erforderlich, denn schon von Anbeginn seiner Symboltätigkeit besaß der Homo sapiens die mentale Kapazität, gleichermaßen naturalistische wie auch abstrakte Motive zu verwenden. Diese Dualität findet man in den ältesten Felsbildern, und dieser alternative Symbolgebrauch setzt sich bis heute fort. Der alteuropäische kulturelle Zeichenschatz ist ebenfalls durch die Dualität von figurativen und abstrakten Motiven gekennzeichnet, wobei die Präferenz für das Abstrakte besonders auffällig ist.

Kommt in der Kulturentwicklung der Donauzivilisation vielleicht ein langfristiger Trend zum Tragen, der sich im Repertoire der abstrakt-geometrischen Symbole späterer Epochen fortsetzt, im minoischen Kreta, im mykenischen Kulturkreis und in der griechischen Klassik? Findet der feine Sinn für das Abstrakte und für Symmetrie, der sich in griechischen Kunstformen wie der Vasenmalerei ebenso wie in der Wissenschaft (Geometrie) artikuliert, seine Ursprünge in dem Reservoir mentaler Abbilder früherer Entwicklungsstadien, die das kulturelle Gedächtnis der Menschen in Südosteuropa seit Jahrtausenden tradiert hat? Vieles spricht dafür, daß die neolithische Donauzivilisation der eigentliche Impulsgeber für viele spätere Entwicklungen in Süd-osteuropa und in der Ägäis gewesen ist, bis in die Ära der klas-sisch-griechischen Antike.

Es gibt eine Reihe konkreter Beweise dafür, daß das kulturelle Erbe Alteuropas noch viele Jahrhunderte nachgewirkt hat, und zwar weit über das Ende der Donauzivilisation hinaus, die um 3500 v. Chr. von der Kultur der nach Südosteuropa eingedrun-genen Indoeuropäer überlagert wird. Der assimilatorische Druck der indoeuropäischen Eindringlinge löst eine Drift in Richtung Südosten aus, vom griechischen Festland in den Insel-archipel der Ägäis. Zentrale Elemente der alten Symbolik leben an der Peripherie des alten Kulturareals weiter. Vieles vom ab-strakten Zeichenschatz bleibt in den dekorativen Motiven der frühhelladischen Kunst erhalten.

Alte Kulturtraditionen werden ebenfalls auf den ägäischen Inseln fortgesetzt. Die Vorstellungen von der alteuropäischen Göttin leben weiter, werden aber vielfältig transformiert. In der Zivilisation der Minoer in Altkreta ist die sakrale Symbolik der allmächtigen Göttin besonders gut erkennbar, bei den Myke-nern nimmt die Göttin eine privilegierte Stellung ein, und im griechischen Götterpantheon kristallisieren sich elementare Ei-genschaften der alten Göttin in den Charakteren der «starken göttlichen Frauen» aus, wie Demeter, Hera, Artemis, Athene und Aphrodite.

Um 3200 v. Chr. schwand der Schriftgebrauch aus der kultu-rellen Landschaft der Balkanregion, lebte aber wenig später (um 2500 v. Chr.) in Altkreta und auf den Kykladen (auf der Insel Thera) wieder auf. Die Tradition der alteuropäischen Linear-schrift findet ihr Pendant im altkretischen Schriftsystem Linear A, einer Silbenschrift, die zusätzlich Logogrammzeichen ver-wendet. In neueren Forschungen werden die engen Beziehungen zwischen der jüngeren Schriftart Linear A und der alteuropäi-

Zeichen der alteurop. Schrift	Zeichen von kret. Linear A
ꝝ	⅄ ⅄
ᴅ	ᴅ
⌐/	Ϲ
⌇	ᒣ
⅃	ʔ
⅍	⇂
ʼ	•
◎	⌀
目	闩
⩮	⩮

Abb. 4. Alteuropäisch-altkretische (Linear A) Schriftparallelen (Haarmann 1992)

schen Schrift beleuchtet. Rund die Hälfte des Zeichenbestands von Linear A läßt sich auf Zeichenformen der älteren Schrift zurückführen (Abb. 4).

Auf Kreta entstand parallel dazu eine unabhängige Schriftart, eine Hieroglyphenschrift, die inschriftlich in zwei Varianten auftritt. Einige von deren Zeichenformen sind offensichtlich inspiriert von dem Motivschatz des älteren Systems Linear A, so daß auch die Hieroglyphenschrift nicht vollständig isoliert in der Kulturlandschaft Altkretas steht. Sowohl Linear A als auch die Hieroglyphenschrift wurden für religiöse Texte (z. B. Weihinschriften auf Kultobjekten) ebenso verwendet wie für die Zwecke der Palastbürokratie (z. B. Siegelaufschriften an Weinamphoren, Buchhaltung von Warenabgaben).

In der kretischen Hieroglyphenschrift ist auch das wohl bekannteste Schriftdenkmal der minoischen Zivilisation abgefaßt worden, der Spiraltext auf dem Diskos von Phaistos (Abb. 5). Der Diskos ist eine Tonscheibe, die auf beiden Seiten beschriftet ist, und die Zeichensequenzen formieren sich jeweils in Gestalt

Abb. 5. Der Diskos von Phaistos, um 1700 v. Chr. (Haarmann 1995)

einer Spirale. Der im Palastarchiv von Phaistos in Südkreta gefundene Diskos wird auf etwa 1700 v. Chr. datiert. Zu den Besonderheiten des Spiraltextes gehört die Technik, mit der er hergestellt wurde: er ist das älteste Druckwerk der Kulturgeschichte. Die Hieroglyphenzeichen wurden mit Stempeln in den weichen Ton gepreßt, bevor die Scheibe hart gebrannt wurde. Dies bedeutet, daß der Schreiber für jedes individuelle Zeichen einen eigenen Stempel verwendet hat.

Der Text des Diskos ist bisher nicht entziffert worden. Allerdings gibt es den Versuch einer internen Rekonstruktion des Inhalts, indem auf der Basis eines Vergleichs der Zeichen mit Motiven der minoischen Kultursymbolik eine Beziehung zwischen dem Text und religiösen Ritualen gefunden wurde, wie sie auf Fresken – etwa auf dem berühmten Sarkophag von Agia Triada – dargestellt sind. Demnach stand der Text auf dem Diskos im Zusammenhang mit einer Begräbniszeremonie, die von Opferhandlungen begleitet war. In der Rekonstruktion scheinen zahlreiche Elemente des minoischen Ahnenkults auf.

Die minoische Kultur strahlte weit ins östliche Mittelmeer aus, und ihre Einflüsse sind auch in Zypern nachzuweisen. Handelsgüter gelangten nicht direkt von Kreta nach Zypern, vielmehr wurden die Waren in der Hafenstadt Ugarit an der syrischen Küste umgeschlagen. Unter den minoischen Waren war auch ein besonderes Kulturgut, das den Bewohnern Zyperns vermittelt wurde: die altkretische Linearschrift. Um 1500 v. Chr. setzt auf Zypern die lokale Schrifttradition ein mit Texten in der kypro-minoischen Schrift. Von dieser ältesten zyprischen Schrift leitet sich eine lokale Schriftart ab, deren Texte nicht auf Zypern selbst, sondern in Ugarit gefunden wurden. Diese Schriftvariante wird Levanto-Minoisch genannt. Es gibt noch eine jüngere Schrift Zyperns, die sich länger gehalten hat als die älteren Schriftarten, das Kyprisch-Syllabische. Die ältesten Zeugnisse in dieser Schrift stammen aus dem 11. Jahrhundert v. Chr. Bis ins 4. Jahrhundert v. Chr. war das Kyprisch-Syllabische vital, hat dann aber den Konkurrenzkampf mit dem griechischen Alphabet verloren.

Die frühe Schriftlichkeit in griechischer Sprache steht ganz im Zeichen des schrifttechnologischen Monopols, das die Minoer in der ersten Hälfte des 2. vorchristlichen Jahrtausends besaßen. Die mykenischen Griechen auf dem Festland standen schon früh in regen Handelsbeziehungen zu Kreta, und von dort kamen Waren und andere Kulturgüter. Die religiösen Kulte der Mykener sind denen der Minoer sehr ähnlich, und auch in der dekorativen Kunst gibt es zahlreiche Parallelen. Zu Recht spricht man von einer minoisch-mykenischen Kultursymbiose während der ägäischen Bronzezeit.

Bis vor kurzem herrschte in der Archäologie die Meinung vor, die Mykener hätten die minoische Linearschrift (Linear A) erst für ihre Sprache adaptiert, nachdem sie die politische Kontrolle im Nordteil der Insel übernommen hatten. Inzwischen sind Schriftfunde vom Festland in Linear B, mit dem das Mykenische geschrieben wurde, aus der Zeit vor der Eroberung Kretas bekannt geworden. Die erst seit kurzem bekannte älteste mykenisch-griechische Inschrift stammt aus dem heiligen Bezirk von Olympia und wird auf die Zeit um 1650 v. Chr. datiert. Dies bedeutet, daß die Mykener schon früh auf dem Festland mit Linear A experimentiert haben und daß Linear B schon in Gebrauch war, als die Mykener um 1600 v. Chr. nach Kreta kamen.

Dort stand ihr Schriftgebrauch ganz im Zeichen der lokalen Palastbürokratie, zumindest nach Aussage der erhaltenen Schriftdokumente (Tontäfelchen der Archive von Knossos und Chania). Auch in den mykenischen Kulturzentren des Festlandes (Mykene, Tiryns, Pylos, Theben) sind Dokumente der Palastbürokratie gefunden worden. Darüber hinaus gibt es aber auch Texte mit kultisch-religiösem Inhalt, und kürzlich sind in Theben Fragmente eines epischen Textes gefunden worden, der – nach den identifizierbaren Namen zu urteilen – wohl eine Frühform des Demetermythos beinhaltet.

Verglichen mit der späteren Alphabetschrift ist die Schreibung des Griechischen mit dem Syllabar Linear B ziemlich umständlich. Die Silbenstrukturen werden nur unvollkommen wiedergegeben, silbenschließende Konsonanten bleiben ebenso wie viele flexivische Elemente unbezeichnet. Die mangelnde Präzision in der Lautwiedergabe war aber kein Hindernis, Linear B beizubehalten. Jahrhundertelang wurde damit Griechisch geschrieben. Als die Griechen mit Schrift in Kontakt kamen und zu experimentieren begannen, waren ihnen lediglich die kretischen Schriften vertraut. Insofern gab es zu diesen keine realen Alternativen.

Die Hälfte des Zeichenbestandes von Linear B ist aus dem Inventar von Linear A übernommen, die übrigen Zeichen sind Neuschöpfungen. Das Lautsystem und die Silbenstrukturen des Minoischen waren offensichtlich einfacher als die des Mykenisch-Griechischen. Dies wird deutlich bei der Lesung von Linear B-Syllabogrammen und ihrer Assoziation mit griechischen Wörtern. Die Zeichen von Linear B geben die griechische Lautung nur unvollkommen wieder. Vokallängen werden gar nicht bezeichnet, Konsonantenhäufungen finden nur in wenigen Sonderzeichen ihre Entsprechung. Insofern ist es recht umständlich, eine Sprache mit zahlreichen Konsonantenclustern wie das Griechische mit dem Linear B-Syllabar zu schreiben (Abb. 6).

Im 13. Jahrhundert v. Chr. kam Linear B auf Kreta außer Gebrauch, und im Verlauf des 12. Jahrhunderts v. Chr. brach die schriftliche Überlieferung des Mykenisch-Griechischen auch auf dem Festland ab. Damit endete aber die Schrifttradition des

⊕ 𐤉	‡ ⊕ 𐤕	∧𐤀𐤊𐤇	𐤘𐤘𐤀𐤅	𐤒𐤟𐤉𐤔
ka-ko	*pa-ka-na*	*ti-ri-po*	*i-je-re-ja*	*qa-si-re-u*
kha(l)ko(s)	*pha(s)gana*	*tripo(s)*	*(h)iereia*	*gwasileu(s)*
‹Bronze›	‹Schwerter›	‹Dreifuß›	‹Priesterin›	‹Vorsteher›

𐤇 𐤏	𐤘 ⊕ ⫶	𐤉𐤏	𐤘𐤏 𐤕‡𐤏𐤏
po-me	*tu-ka-te*	*ko-wo*	*re-wo-to-ro-ko-wo*
po(i)mē(n)	*thugatē(r)*	*ko(r)wo(s)*	*lewotrokhowo(i)*
‹Schafhirt›	‹Tochter›	‹Junge›	‹Badeingießer (die das Badewasser eingießen)›

Abb. 6. Die Schreibung des Mykenisch-Griechischen in Linear B
mit Transliteration und altgriechischem Lautäquivalent (Chadwick 1990)

Frühgriechischen nicht. Nur wenige Jahrzehnte, nachdem Linear B im Westen der Ägäis aufgegeben worden war, wurde die Schrifttradition des Griechischen auf Zypern fortgesetzt. Jahrhundertelang wurde dort die Sprache der griechischen Flüchtlinge, die in den Wirren des 12. Jahrhunderts v. Chr. aus Arkadien nach Zypern geflohen waren, geschrieben. Im 6. Jahrhundert v. Chr. gelangte auch das Alphabet nach Zypern und machte dem Kyprisch-Syllabischen Konkurrenz. Das Alphabet ist moderner und setzt sich schließlich durch. Zu Beginn der klassisch-griechischen Epoche wird keines der altägäischen Schriftsysteme mehr verwendet. Damit erlischt die lange Tradition voralphabetischer Schriftlichkeit in Europa.

Ökonomische Funktionen des Schriftgebrauchs in Mesopotamien und Ägypten

Ganz andere Voraussetzungen für den Schriftgebrauch als in Alteuropa sind in den Kulturen des Alten Orients gegeben, in Mesopotamien, wo im 4. Jahrtausend v. Chr. die ersten Stadtstaaten entstehen. Was die kulturelle Entwicklung dort vorantrieb, war der Aufbau einer straffen staatlichen Organisation. Die Anfänge des für den Alten Orient so charakteristischen Gottkönigtums und der Tempelbürokratie liegen in jener Früh-

zeit einer Konsolidierung der altsumerischen Machtzentren, zunächst von Uruk, später von Ur, Lagash und anderen. Angesichts der zentralen Rolle der Tempelbürokratie ist es nicht ver-
wunderlich, daß die Schrift in den Dienst eben dieser Institution
gestellt wurde. Der frühe Schriftgebrauch Sumers war das
Monopol der Tempeladministration, die unmittelbaren Nutzen
aus der neuen Technologie zog, indem das Steuerwesen mittels
der Schrift zu einem effektiven Instrument staatlicher Kontrolle
über die Untertanen ausgestaltet wurde.

Auch in Altägypten steht die administrative Funktion der
Schrift im Vordergrund. Dies weisen jedenfalls die Siegelfunde in
Gräbern der prädynastischen Periode aus. Die Güter, die den
Tempelbeamten übergeben und entsprechend registriert wurden, waren Naturalabgaben der Untertanen und entsprachen
somit Steuerzahlungen. Erst etwas später, als die alten Königreiche Ägyptens unter der Führung eines einzigen Herrschers, des
Pharao, geeint waren, erweitert sich der Schriftgebrauch funk-
tional, indem zusätzlich Aufgaben staatlicher Repräsentation
wahrgenommen werden. Hier liegen die Anfänge der für die
ägyptische Hieroglyphenschrift so typischen Funktion des Zere-
monialen, wie dies die unzähligen schmuckvoll-ästhetischen Ze-
remonialinschriften an Tempelwänden, in Grabkammern und
auf Sarkophagen illustrieren.

Die Entstehung der Keilschrift und ihre Verbreitung im Alten Orient, im Nahen Osten und in Kleinasien

Um 2700 v. Chr. wird die Schreibtechnik bei den Sumerern revo-
lutioniert. Jahrhundertelang hatte man in den sumerischen
Stadtstaaten in einer archaischen Schriftart mit stilisierten piktographischen Zeichen geschrieben (Abb. 7). Diese älteste Schriftart in Mesopotamien hatte äußerlich noch wenig mit der ab
etwa 2700 v. Chr. verwendeten Keilschrift zu tun. Als man an-
fing, längere Texte aufzuzeichnen, stellte man bald fest, daß die
ältere Art zu schreiben sehr umständlich war. Es fand eine echte
Revolution statt. Der spitze Griffel, der beim Schreiben eines jeden Zeichens Ton aus dem Schreibgrund kratzte, wird aufgege-

Abb. 7. Vorderseite einer Tontafel mit altsumerischer Schrift aus Uruk, ausgehendes 4. Jahrtausend v. Chr. (Haarmann 1992)

ben und ein Schreibwerkzeug mit stumpfem Ende eingeführt, mit dem stumpfe Keile in den weichen Schreibträger, die Tontafel, gedrückt werden. Die älteren Formen der piktographischen Zeichen wandeln sich in Keilkonfigurationen, nach denen der neue Schrifttyp seinen Namen erhielt: Keilschrift.

Der revolutionäre Charakter dieser neuen Schreibtechnik wird schnell von den Kulturvölkern des Alten Orients erkannt. Zwar sind die ältesten Keilschrifttexte solche in sumerischer Sprache, schon bald aber schreiben auch andere Völker ihre eigenen Sprachen. Lange Zeit glaubte man, die Akkader seien die einzigen gewesen, die die Keilschrift früh übernahmen. Seit der Entdeckung der Archive im Königspalast von Ebla in den 1970er Jahren weiß man, daß die Keilschrift schnell bis nach Syrien gelangte, wo sie schon um 2500 v. Chr. zur Schreibung der einheimischen semitischen Sprache, des Eblaitischen, verwendet wird. Rund 6500 Tontafeln mit eblaitischen Texten aus der Zeit zwischen 2500 und 1600 v. Chr. machen deutlich, wie durchschlagend der Erfolg der Keilschrift selbst in peripheren Regionen des mesopotamischen Kulturkreises war.

Die praktische Keilschrift verdrängte selbst ältere Schriftsysteme. Um 2500 v. Chr. aus Sumer importiert, löste sie im be-

nachbarten Königreich Elam die dortige proto-elamische Strichschrift ab, deren Tradition etwa zeitgleich mit der Entwicklung
der sumerischen Piktographie eingesetzt hatte (um 3200 v. Chr.).
Die Überlieferung des Elamischen in Keilschrift gehört zu den
längsten Traditionen des Alten Orients. Erst im Jahre 331 v. Chr.
erlischt das elamische Schrifttum in Keilschrift.

Die Keilschrift hat sich zeitlich und räumlich mehr und mehr
ausdifferenziert. Im Zusammenhang mit diesem Prozeß einer
immer stärkeren Variation steht auch eine sukzessive Verzwei-
gung der sozialen Funktionen, die die Schrift und die mit ihr geschriebenen Sprachen erleben. Bemerkenswerterweise weicht
die Funktion des ältesten bekannten sumerischen Textes in Keilschrift signifikant von den praktischen Funktionen der frühen,
in den archaischen Piktogrammen aufgezeichneten Wirtschaftstexte ab. Der älteste bekannte Keilschrifttext aus der Zeit um
2650 v. Chr. ist eine rituelle Inschrift auf der Skulptur eines ver-
storbenen Herrschers.

Es dauert nicht lange, bis die Keilschrift sich das gesamte
funktionale Spektrum zu eigen gemacht hat, das für die Hochkulturen des Altertums charakteristisch ist. Außer Textsamm-
lungen für praktische Zwecke, seien es private Kaufverträge
oder Urkunden der Staatskanzlei, entstehen literarische Werke
und solche mit religiösem Inhalt. Es wird auch wissenschaftliche
Sachprosa produziert. Von der Vielzahl der Texte – dazu gehören mehrere zehntausend Tontafeln aus allen Regionen des Alten Orients – ist erst der kleinere Teil von Schriftexperten gelesen, kritisch ausgewertet und ediert worden.

Mit der Keilschrift sind Sprachen der verschiedensten genea-
logischen Zugehörigkeit geschrieben worden. Das Sumerische
ist wie das Elamische eine isolierte Sprache, d. h. es ist bisher
keine Verwandtschaft mit irgendeiner anderen untergegangenen
oder lebenden Sprache festgestellt worden. Ob das Elamische
vielleicht entfernt mit den dravidischen Sprachen Indiens verwandt ist, ist ebenfalls ungeklärt. Etliche der mit Keilschrift geschriebenen Sprachen sind solche, die zum semitischen Sprach-
zweig der afroasiatischen Sprachfamilie gehören. Hier sind in
erster Linie das Akkadische (mit seinen jüngeren Varianten des

Babylonischen und Assyrischen), das Eblaitische und das Ugaritische mit ihrer reichen schriftlichen Überlieferung zu nennen (Abb. 8).

Es gibt darüber hinaus noch einige andere semitische Sprachen, in denen nur ein spärliches Schrifttum überliefert ist, wie das Amoritische, Kassitische und bruchstückhaft das Altkanaanitische. Mit der Keilschrift wurden ebenfalls kaukasische Sprachen wie das Hurritische und Urartäische geschrieben. Auch die Sprecher der alten indoeuropäischen Sprachen Anatoliens adaptierten die Keilschrift. Dies gilt für das Hethitische, Luwische und Palaische. Das Luwische wurde aber auch in einer einheimischen Schriftart, den anatolischen Hieroglyphen, geschrieben.

Zwar ist die Keilschrift ihrem organisatorischen Prinzip entsprechend eine Silbenschrift, es sind aber auch eigenwillige Abzweigungen entstanden. Dies gilt für die altpersische Keilschrift, die mit ihrer Zeichenselektion eher den Charakter eines Alphabets hat. Es gibt reine Konsonantenzeichen, deren Form

Abb. 8. Ausschnitt aus dem Rechtskodex des Hammurabi,
ca. 1792–1750 v. Chr., Altbabylonischer Originaltext (Haarmann 1992)

nicht abhängig ist von folgenden Vokalen. Andere Konsonantenzeichen treten in Varianten auf (z. B. *k* + *a* mit anderer Form als *k* + *u*; *m* + *a*, *m* + *i* und *m* + *u* mit jeweils eigener Form), je nachdem, welcher Vokal folgt. Die persische Keilschrift verwendet auch Ideogrammzeichen, deren Zahl jedoch auf 7 begrenzt ist. Die andere Sprache, die mit Keilschriftzeichen, aber nach dem alphabetischen Prinzip geschrieben wurde, ist das Ugaritische. Texte in dieser Sprache sind in zwei Schriftarten überliefert, zum einen in der silbischen Keilschrift, zum anderen in einem lokalen Alphabet, dessen Zeichen aus dem Repertoire der Keilschrift selektiert wurden (s. Kap. 5).

Schreibprinzipien und Schrifttechnologie in der Alten und Neuen Welt

Noch vor wenigen Jahrzehnten glaubten viele Schriftforscher, die Schreibtechnologie sei zu einem bestimmten Zeitpunkt an einem bestimmten Ort «erfunden» worden, und dann habe sich die Kunst des Schreibens vom Ursprungsort (nach der damaligen Annahme Uruk in Mesopotamien) in alle Welt verbreitet. Diese These von der Monogenese der Schrift geistert bis heute noch in manchen Darstellungen herum, aber sie ist von der Mehrheit der Forscher längst aufgegeben worden.

Inzwischen weiß man viel mehr über die Art und Weise, in der Menschen ihr kulturelles Umfeld mit Hilfe von Symbolen und Zeichen ordnen und wie sich die Verwendung von Zeichensystemen lokalen Bedürfnissen anpaßt. Vor dem Hintergrund allgemeiner kulturtheoretischer Überlegungen ist es ohnehin naheliegend davon auszugehen, daß die mentalen Kapazitäten für originelle Schriftschöpfungen in der kulturellen Evolution des Menschen als Spezies angelegt sind und daß entsprechende Fähigkeiten bei den Menschen in vielen Regionen der Welt bereitstanden. Diese Kapazitäten sind voneinander unabhängig in verschiedenen lokalen Gesellschaften unter unterschiedlichen soziokulturellen Bedingungen zum Einsatz gekommen. Nach heutigen Erkenntnissen gilt also die These von der Polygenese der Schrift, und zwar in folgenden Regionen, in der Rangfolge ihres Entstehungsalters: Südosteuropa (Alteuropa) – Ägypten – Mesopotamien – Industal – China (Altchina) – Mittelamerika (olmekischer Kulturkreis).

Die Forscher, die die ältere Hypothese von der Monogenese der Schrift vertraten, konstruierten weiträumige Migrationsbewegungen und Kulturkontakte, um die Ausbreitung der Schrifttechnologie von Mesopotamien aus bis in die Neue Welt erklären zu können. Geradezu abenteuerlich muten die Versuche an, Kontakte von China aus quer über den Pazifik bis nach Amerika für die Periode der Bronzezeit zu postulieren. Die Existenz von Schrift im präkolumbischen Mesoamerika konnte man sich lange Zeit nur als Fremdimport von außen vorstellen.

Wenn man allerdings im Sinn der Polygenese davon ausgeht, daß sich das Schreiben in Amerika unabhängig von äußeren Impulsen entwickelt hat, dann stellen sich allerlei wichtige Fragen. Waren die Entstehungsbedingungen von Schrift in der Neuen Welt die gleichen wie in der Alten Welt oder grundsätzlich andere? Kamen im präkolumbischen Amerika die gleichen oder ähnliche Schreibprinzipien zur Anwendung wie in der Alten Welt? Sind im Schriftgebrauch Amerikas die gleichen Entwicklungsstufen erkennbar wie in der Alten Welt?

Um die Anfänge des Schreibens verstehen zu können, ist es wichtig, sich über das Verhältnis der Schriftzeichen zu den Lautsequenzen der gesprochenen Sprache klar zu werden. Die Ansätze zum Schreiben in der Alten Welt waren nicht dadurch motiviert, gesprochene Sprache sichtbar zu machen, sondern dadurch, Informationen nach ihrem Inhalt, nicht unbedingt nach ihrer sprachlichen Ausdrucksform zu fixieren. Das Hauptaugenmerk lag anfänglich auf der Fixierung von Einzelbegriffen (bzw. Ideen). Dieses älteste Stadium der Schriftentwicklung ist vertreten in den logographischen Schreibweisen, wo einzelne Schriftzeichen ganze Wörter repräsentieren. Dieses alte Schreibprinzip ist auch als Zusatzkomponente dort erhalten geblieben, wo sich phonetische Schreibweisen entwickelt haben, und zwar in Gestalt von Logogrammen und Determinativen, womit bestimmte Wortklassen gekennzeichnet wurden. Die sumerische Silbenschrift bestand nicht nur aus den Zeichen mit silbischem

Wert, sondern hatte auch eine logographische Komponente. Dies gilt auch für die ägyptische Schrift.

Logographisch waren auch die Anfänge in Altchina, wo die Grundbegriffe des zeitgenössischen Umfeldes durch spezifische Schriftzeichen markiert wurden. Jeder Begriff hatte sein eigenes Zeichen. In den Inschriften der Shang-Periode ist andererseits gut die Notwendigkeit zu erkennen, sich zum Zweck einer effektiveren Schreibweise der Lautstruktur der Sprache anzupassen. Diese Notwendigkeit ergab sich bei der Schreibung von Namen und rein abstrakten Begriffen, bei denen figurative Assoziationen in der Schreibung nicht nahelagen. Zusätzlich zu den rein logographischen Zeichen kamen auch phonetische Zeichen (Rebuszeichen) in Gebrauch, mit deren Hilfe lautliche Eigenheiten des Chinesischen bezeichnet werden konnten.

In der Alten Welt sind das ältere Schreibprinzip der Logographie und das jüngere der Phonographie eine symbiotische Verbindung eingegangen. Dies ist sehr früh in Ägypten, mit einiger Verzögerung in Mesopotamien und mit noch längerer Entwicklungszeit in Altchina geschehen. In Mesopotamien und in Ägypten wurde der Dualismus von Logographie (Verwendung von Logogrammen und Determinativen) und Phonographie (Segmentalschreibung in Ägypten, Gebrauch von Silbenzeichen in Mesopotamien) zum Charakteristikum der lokalen Schreibweisen.

Logogramme gehören zu den ältesten Bestandteilen der sumerischen Schrift. Viele der Zeichen, deren äußere Gestalt in der Umbruchphase zur Keilschrift radikal transformiert wird, lassen in der Frühphase des Schriftgebrauchs noch gut ihren bildhaften Charakter erkennen. In der altsumerischen Piktographie assoziieren sich bildhafte Zeichen mit einem entsprechend motivierten Begriffsinhalt. Diese innere logische Querverbindung zwischen Schriftzeichen und Bedeutung bleibt auch erhalten, nachdem die Gestalt des Zeichens selbst bis zur Unkenntlichkeit stilisiert wurde. Ursprünglich rein logographische Zeichen erhalten im Entwicklungsprozeß der Schrift phonetischen Wert und werden als Silbenzeichen gelesen. Auf diese Weise entsteht in der sumerischen Schrift eine Dualität: Ursprünglich logographische Zeichen behalten in bestimmten Textzusammenhängen weiterhin ihren Wert als Ganzwortzeichen (Logogramme), in anderen Zusammenhängen fungieren sie als Silbenzeichen zur Schreibung der silbischen Struktur von Wörtern.

Determinative haben mit den Logogrammen gemein, daß sie sich auf ganze Wörter (Einzelbegriffe) beziehen. Allerdings unterscheiden sie sich von letzteren deutlich in einer besonderen Eigenschaft: sie werden geschrieben, aber nicht gesprochen. Mit Hilfe von Determinativen werden in den Schriften der Antike Wörter (Substantive und Verben) entsprechend ihrer Bedeutung klassifiziert, und ein Determinativ bezeichnet jeweils eine bestimmte semantische Klasse.

In der ägyptischen Schrift werden beispielsweise handelnde Personen je nach Geschlecht mit dem Determinativzeichen eines sitzenden Mannes oder einer sitzenden Frau klassifiziert. Verben der Bewegung werden von einem Zeichen begleitet, das zwei laufende Beine darstellt. Tätigkeiten, die mit dem Kopf zu tun haben (z. B. essen, trinken, sprechen, küssen, denken), assoziieren ein Determinativ, das einen Menschen darstellt, der mit der rechten Hand an den Kopf faßt (Abb. 9). Die Verben, die zu dieser Klasse gehören, bezeichnen eine physische Tätigkeit (z. B.

Determinativ zur Charakteristik von Tätigkeiten in Verbindung mit dem Kopf
(Bild eines Mannes, der die rechte Hand am Kopf hält)

Schrift-zeichen	Lautwert	Bedeutung
	mrj	‹lieben›
	śn	‹küssen›
	swr	‹trinken›

Abb. 9. Beispiel für die Verwendung von Determinativzeichen in der ägyptischen Hieroglyphenschrift (Haarmann 1992)

ägypt. ›rufen‹), einen Zustand (z. B. *gr* ‹ruhig sein›), eine emotionale Reaktion (z. B. *msdj* ‹hassen›), einen Gemütszustand (z. B. *rshw* ‹glücklich sein›) oder eine mentale Aktivität (z. B. *jb* ‹denken›). In der Hieroglyphenschrift werden mehr als 30 Wortklassen mit Determinativzeichen markiert, die einen Mann in verschiedenen Körperhaltungen zeigen. Varianten von Determinativzeichen in Gestalt einer Frau gibt es nicht einmal 10.

Auch im präkolumbischen Kulturkreis Amerikas verläuft die Entwicklung von logographischen Anfängen zu einer fortschreitenden Phonetisierung der Schreibweisen. Die ersten Indianer, die mit der Schrifttechnologie experimentierten, waren die Olmeken, deren Name wörtlich ‹Leute aus dem Kautschukland› bedeutet. Um 500 v. Chr. war die Schriftentwicklung bis zum Stadium einer silbischen Schreibweise fortgeschritten. Die Olmeken waren in vieler Hinsicht die Lehrmeister für die Völker Mesoamerikas, die nach ihnen Zivilisationen aufbauten, insbesonders für die Maya. Zum kulturellen Vermächtnis der Olmeken gehörte auch der Schriftgebrauch, den die Maya übernahmen. Die klassischen Maya-Sprachen, die damals verschriftet wurden, sind nicht mit dem Olmekischen verwandt, so daß sich der Schriftgebrauch bei den Maya unter lokalen, kulturell-spezifischen Bedingungen weiterentwickelte.

Logographische und phonographische Schreibweisen sind hier in einer ganz eigenwilligen Weise miteinander verquickt. Ein Experimentierfeld besonderer Art für die verschiedenen Schreibweisen waren die Datumsangaben in den Inschriften. Das Kalenderwesen der Maya war weit entwickelt und vielschichtig (Schele/Freidel 1994: 68 ff.). Es gab einen Ritualkalender mit einem 260-Tage-Zyklus (*tzolkin*), der von den Priestern verwendet wurde, und einen Sonnenkalender mit 365 Tagen (*haab*). Die Daten beider Kalender wurden in einem komplizierten Verfahren gegeneinander gerechnet, um exakte Zeitbestimmungen für rituelle Handlungen und Prophezeiungen zu ermöglichen. Die minutiösen Kalendereintragungen in den Inschriften haben die Datierung der Schriftdenkmäler wesentlich erleichtert. Die Kalenderglyphen waren es auch, über die letztlich die Entzifferung der Maya-Schrift entscheidende Fortschritte machte. Inzwischen ist bekannt, daß die Schreibweisen der Wörter sehr variantenreich waren. Wörter konnten mit Hilfe logographischer (bzw. ideographischer) Zeichen (Ganz-Wort-Zeichen als Begriffs- bzw. Idee-Zeichen) oder auch mit Silbenzeichen geschrieben werden. Zur Erleichterung des Lesens wurden auch phonetische Zeichen den Ideenzeichen beigefügt (ähnlich den Rebuszeichen in Altchina).

Die Maya-Bezeichnung für den Jaguar (*balam*), der besondere Bedeutung als religiöses Symboltier hatte, wurde in mehreren Varianten geschrieben. In der ideographischen Schreibweise stand das Bild eines Jaguarkopfes als Ein-Wort-Zeichen für den Ausdruck *balam*. Nach dem silbischen Prinzip geschrieben entstand folgende Sequenz der Silbenzeichen /ba/, /la/ und /ma/ : *ba-la-m(a)*. Silbenzeichen wurden aber auch mit ideographischen Zeichen kombiniert, woraus sich im Fall der Schreibung von *ba-lam* verschiedenartige Kombinationsmöglichkeiten ergaben: Silbenzeichen /ba/ + ideographisches Zeichen für *balam*; *balam* + /ma/; /ba/ + *balam* + /ma/ . Bei der Schreibung von Wörtern, die

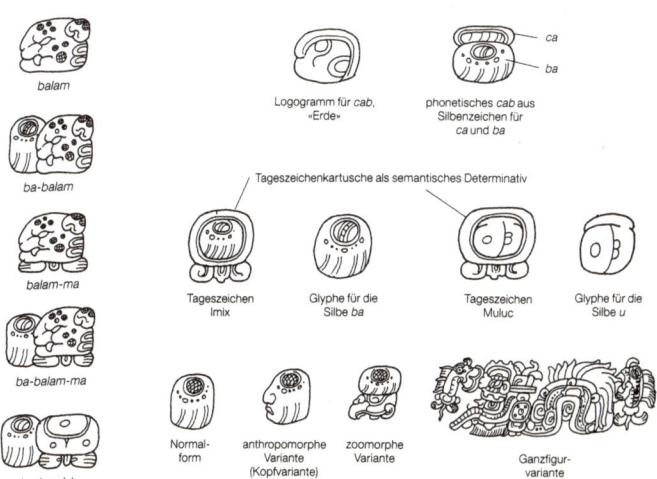

Abb. 10. Die Verwendung von Logogramm- und Silbenzeichen
in der Schrift der Maya (nach Schele/Freidel 1994)

auf Konsonant enden, wurde das auf Vokal endende Silbenzeichen geschrieben, der Endvokal bei der Lesung aber nicht gesprochen, z. B. *cab* ‹Erde›, geschrieben *ca-b(a)*. Die Schriftzeichen wurden in vielfältiger Weise variiert und entweder in einer
Vollform (mit Details in den abgebildeten Gegenständen, z. B.
der Jaguar als volles Tierbild oder als Vollkopf) oder in stilisier-
ter Form verwendet (Abb. 10). Die Maya-Schrift gehört zu den
kalligraphisch höchstentwickelten Schriften.

Es ist nicht schwer sich vorzustellen, daß diese vielschichtige
Verquickung logographischer und phonographischer Prinzipien
in der Schreibweise von Maya-Texten deren Entzifferung enorm
erschwert hat. Prinzipiell aber gilt auch für die Schriftentwicklung in der Neuen Welt, daß sie ähnliche Wege gegangen ist wie
die Originalschriften der Alten Welt. Bis zur Stufe einer Alphabetschrift hat sich jedoch die Schrift in Mesoamerika nicht
weiterentwickelt. Ob dies jemals geschehen wäre, darüber kann
man heute nur spekulieren. Denn die natürliche Entwicklung
wurde mit der Zerstörung der alten Schriftkultur durch die spanischen Konquistadoren unwiderruflich unterbrochen.

3. Von der Wort- zur Lautschreibung:
Schrift als Herausforderung des abstrakten
Denkens

Die Impulse, denen die Originalschriften in der Alten Welt und
im vorkolumbischen Amerika ihre Entstehung verdanken, waren andere als die, die in der Forschung zur Schriftgeschichte
traditionellerweise genannt werden. Die Motivation, Schrift als
Informationstechnologie einzusetzen, bestand nicht primär darin, gesprochene Sprache sichtbar, fixierbar und damit wieder-
verwendbar zu machen. Diese Motivation ist entwicklungsmäßig sekundär, und sie greift konsequent erst mit der Einführung
rein phonographischer Schriftsysteme (Silben-, Segmental- und
Alphabetschriften). Insofern sind alle diejenigen Definitionen

von Schrift, die sich vorrangig am Verhältnis von Schriftzeichen und sprachlichem Zeichen orientieren, recht eng gefaßt.

Vor allem die amerikanische Schriftforschung konzentriert sich auf Schrift in ihrer Bindung an die Lautung von Sprache, auf das, was als *true writing* bezeichnet wird. Ein Buchtitel wie der von DeFrancis (1989) – «Visible Speech» – zeigt seine Verwurzelung in dieser Tradition. Frühstadien der Schriftentwicklung wie die altsumerische Piktographie, das Schlagwortprinzip der Indus-Schrift, die altchinesische Ideographie oder die olmekische Logographie bleiben dabei definitorisch außer Betracht, obwohl es sich hierbei unzweifelhaft um Schrifttechnologien handelt.

Um auch der Entfaltung einer graduellen Annäherung von Schriftzeichen an die Lautung von Sprache in der Schriftevolution Rechnung zu tragen, ist es sinnvoll, Definitionen von Schrift nicht exklusiv mit dem gesprochenen Code einer Sprache zu assoziieren, sondern auch die sprachunabhängige Ideenwelt, die das Kulturmilieu einer Sprachgemeinschaft prägt, mit einzubeziehen. Ursächlich war die Verschriftung ein Prozeß der Visualisierung sprachunabhängiger Begriffe und nicht sprachlicher Zeichen. Unter Bezugnahme auf eine kulturbezogene Definition von Schrift ist es möglich, den eigentlichen Impulsgeber für die Entwicklung des Schriftgebrauchs aufzudecken, nämlich das Bedürfnis, Ideensequenzen (d. h. Verkettungen von Einzelbegriffen) zu fixieren.

Das Spannungsverhältnis von Schrift und Sprache – die Zusammensetzung von Zeichensystemen

Die Welt der Schriftlichkeit ist nach eigenen soziokulturellen Gesetzmäßigkeiten geordnet. Einerseits kann man diese Ordnung nach ihrer Infrastruktur vergleichen mit dem Mechanismus, der eine Sprache funktionsfähig macht, andererseits aber ist die Produktion von Schrift eine weitgehend selbständige, vom Regelwerk der gesprochenen Sprache unabhängige Tätigkeit. Grundsätzlich gilt, daß der geschriebene und der gesprochene Code einer Sprache zwei getrennte Vektoren sind, selbst wenn Schreibung und Lautung in Alphabetschriften deutlich angenähert

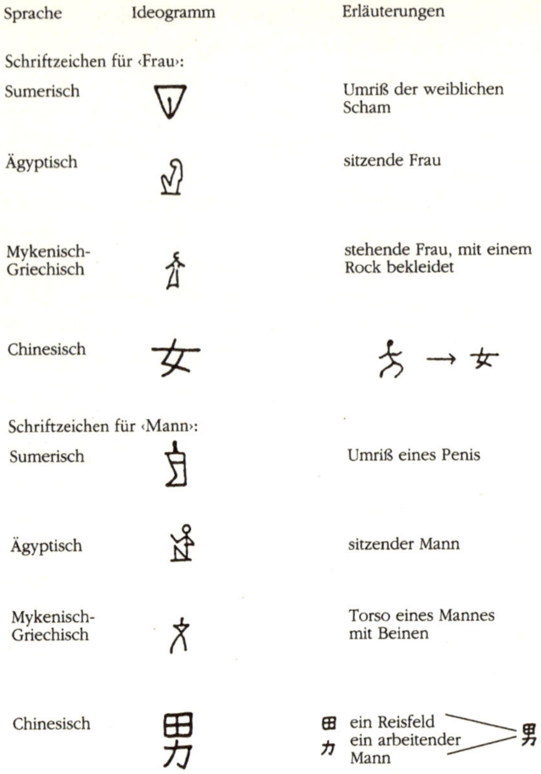

Sprache	Ideogramm	Erläuterungen

Schriftzeichen für ‹Frau›:

Sumerisch		Umriß der weiblichen Scham
Ägyptisch		sitzende Frau
Mykenisch-Griechisch		stehende Frau, mit einem Rock bekleidet
Chinesisch		

Schriftzeichen für ‹Mann›:

Sumerisch		Umriß eines Penis
Ägyptisch		sitzender Mann
Mykenisch-Griechisch		Torso eines Mannes mit Beinen
Chinesisch		田 ein Reisfeld 力 ein arbeitender Mann 男

Abb. 11. Ideographische Zeichen für «Frau» und «Mann» in verschiedenen Schriftsystemen (Haarmann 1992)

sind. Im Licht der historischen Entwicklung von Schriftsystemen wird allerdings deutlich, daß sich die Experimente mit dem Schreiben ursprünglich nicht am gesprochenen Wort orientierten und die sprachliche «Verpackung» von Ideen gleichsam von sekundärer Bedeutung war.

Wenn zu Beginn der Geschichte der Informationsverarbeitung das Streben nach einer Technologie entscheidend war, die es ermöglichte, gedankliche Inhalte festzuhalten, wenn sich also das

Anfangsstadium der Schriftverwendung weitgehend sprachunge-
bunden entfaltete, dann spielte konsequenterweise die Typik von
Sprachen keine nennenswerte Rolle für das Entstehen von Schrift
in irgendeinem Kulturkreis. Wohl aber wurden die Ausarbeitung
und der Einsatz von Schrift überall und von Anfang an von den
spezifischen Bedingungen des lokalen Kulturmilieus beeinflußt.
Die Art und Weise, wie Schriftzeichen in ein System integriert
wurden, war jeweils abhängig vom Repertoire der verfügbaren
Kultursymbole, nicht von der silbischen oder segmentalen Struktur der lokalen Sprache oder ihrer grammatischen Strukturen.

Das Anfangsstadium der Schriftanwendung ist eine Phase der
Herausforderung des abstrakten Denkvermögens durch die
Bedürfnisse einer aufstrebenden Zivilisation, ein ständig wach-
sendes Maß an Informationen zu akkumulieren und wieder-
verwendbar zu machen. Die Art und Weise, wie das abstrakte
Denken funktioniert und für die Schöpfung einer Originalschrift
eingesetzt wird, weist auf eindeutige Kulturabhängigkeit. Dies ist
ein entscheidender Grund dafür, weshalb in den Originalschriften die kulturelle Realität nach spezifisch lokalen Bedingungen
ver«zeichnet» wird, und dies gilt auch für die Wiedergabe universell bekannter Grundbegriffe wie ‹Mann›, ‹Frau›, ‹Sonne›,
‹Berg›, ‹Hand›, ‹schlafen› oder ‹trinken› (Abb. 11).

**Entwicklungstrends der Schrifttechnologie
und ihrer Schreibprinzipien**

Die Entwicklung der Schrifttechnologie läßt in allen Regionen,
wo Originalschriften entstanden sind, ähnliche Trends erkennen, die man somit berechtigterweise als Universalien der
Schriftgeschichte bewerten kann. Sowohl in der Alten Welt als
auch in der Neuen Welt dominierte im Anfangsstadium das
Prinzip einer logographischen Schreibweise. Nirgendwo setzt
die Schrifttradition direkt mit der Phonographie ein. Mit anderen Worten: Eine an der Lautstruktur der zu schreibenden Sprache orientierte Schreibweise ist überall sekundär und entwickelt
sich als Zusatzkomponente zum ursprünglichen logographischen Prinzip.

Dies bedeutet, daß damit auch die Entwicklungsrichtung des Schreibens von der Logographie zur Phonographie eine Universalie der Schriftgeschichte ist. Wie sich allerdings das Verhältnis von Logographie zur Phonographie in den einzelnen Originalschriften ausbalanciert und mit welcher Dynamik sich das phonographische Prinzip durchsetzt, steht jeweils in Abhängigkeit von lokalen sprachökologischen Bedingungen. Nicht universell dagegen ist die Spezialisierung der Phonographie zur alphabetischen Schreibweise nach dem elementaren Prinzip der Entsprechung von Einzellaut und Schriftzeichen.

Dieser Entwicklungssprung – über ältere Stadien silbischer Schreibweisen (wie in der babylonischen Keilschrift) und segmentaler Schreibweisen (wie in der ägyptischen Hieroglyphenschrift) hinaus – hat nur einmal in der Schriftgeschichte stattgefunden, und zwar im Nahen Osten. Nachdem das alphabetische Prinzip bekannt geworden war und sich Varianten des Alphabets in der Welt verbreitet hatten, kann man von späteren Originalalphabeten nurmehr unter dem Gesichtspunkt der Originalität ihres Zeichenrepertoires, nicht aber ihres Schreibprinzips sprechen.

Entsprechend der Dominanz logographischer oder phonographischer Schreibweisen sowie entsprechend deren Kombination in individuellen Schriftsystemen lassen sich die voralphabetischen Schriften folgendermaßen klassifizieren (mit einem Fragezeichen versehen in solchen Fällen, wo die Schrift noch nicht entziffert ist oder Entzifferungsversuche bislang nicht allgemein anerkannt sind):

– Logographische Schreibweise (mit marginaler phonographischer Komponente): Alteuropäische Schrift (?), Altsumerische Piktographie, Elamische Strichschrift, Indus-Schrift(?), Altkretische Hieroglyphen auf dem Diskos von Phaistos (?), Altchinesische Schrift der Shang-Periode, Älteste olmekische Glyphen (Mesoamerika)
– Kombinierte logographisch-phonographische Schreibweise (mit logographischer Dominante): Sumerische Keilschrift, Chinesische Schrift, Olmekische Schrift der Kalendersteine, Aztekische Schrift
– Kombinierte logographisch-phonographische Schreibweise (mit phonographischer Dominante):

a) Logiko-syllabische Schreibweise: Lokale Ableitungen der sumerischen Keilschrift im Alten Orient (Eblaitisch, Akkadisch-Babylo-
nisch-Assyrisch, Elamisch, Hurritisch u.a.), Anatolische (luwische)
Hieroglyphenschrift, Altkretisch Linear A und Mykenisch-Grie-
chisch Linear B, Schrift der Maya

b) Logiko-segmentale Schreibweise: Ägyptische Segmentalschrift
(Hieroglyphisch, Hieratisch, Demotisch)

– Phonographische Schreibweise (Silbenschriften ohne logographische
Komponente): Kypro-Minoisch, Levanto-Minoisch, Kyprisch-Syllabisch, Byblos-Schrift, Moderne Silbenschriften für amerikanische
Sprachen (Cherokesisch, Cree, Chipewyan, Dene, kanadisches In-
uit).

Von dieser Typologie weicht lediglich die iberische Schrift ab,
die bis in römische Zeit auf der Iberischen Halbinsel verwendet
wurde. In der Schreibweise der iberischen Schrift sind zwei phonographische Prinzipien kombiniert, das silbische und das alphabetische. Diese Kombination läßt auf zwei historische Entwicklungsstadien der Schriftlichkeit im iberischen Kulturkreis
schließen (s. Kap. 5).

Zur Autonomie von Schrift
gegenüber der gesprochenen Sprache

Die Funktionen von Schriftsystemen sind prinzipiell autonom,
unabhängig davon, bis zu welchem Grad sie sich den phonetischen und morphologischen Strukturen von Sprachen anpassen. Schriftsysteme operieren nach eigenen Prinzipien, die in
partieller, aber nicht vollständiger Wechselbeziehung zu sprachlichen Strukturen stehen. Schriftsysteme, die sich dem Ideal
einer Eins-zu-Eins-Entsprechung von Laut und Schrift annä-
hern, sind seltene Ausnahmen (s. u.).

Die Autonomie der Schrift dokumentiert sich unter anderem
im Variantenreichtum der Organisationsprinzipien, nach denen Schriftsysteme mit Sprachstrukturen korrelieren. Die Anwendung einer syllabischen, segmentalen oder alphabetischen
Schreibweise steht nicht in Abhängigkeit zur Struktur einer
Sprache oder zu dem von ihr vertretenen Sprachtyp. Der Um-

stand, daß das Akkadische mit Hilfe eines Syllabars, das Altägyptische mittels einer Segmentalschrift und das Phönizische
mit einem Konsonantenalphabet geschrieben wurden, hat kulturhistorische Gründe.

Die unterschiedlichen Prinzipien, nach denen phonographische Schriften organisiert sind, deuten auf eine verschiedenartige
Gewichtung der Kriterien, die für die Wiedergabe von lautlichen
Eigenschaften als relevant erachtet werden. Im Fall der Silbenschrift liegt das Hauptaugenmerk auf der silbischen Segmentie-
rung von Wörtern, wobei die Ganzheit des Wortkörpers unberücksichtigt bleibt. Letzteres Kriterium ist aber entscheidend für
die Organisation der ägyptischen Hieroglyphenschrift. Deren
Zeichen geben die segmentale Struktur von Einzelwörtern wieder, wobei in der Schreibung lediglich die Konsonanten Berücksichtigung finden. Je nachdem, ob ein Wort ein-, zwei- oder
dreisilbig ist, unterscheidet die Hieroglyphenschrift zwischen
Ein-, Zwei- und Dreikonsonantzeichen (Abb. 12). Aus dem Bestand der Einkonsonantzeichen rekrutiert sich der größte Teil
des semitischen Alphabets (s. Kap. 5).

Abb. 12. Die Einkonsonantenzeichen der ägyptischen Segmentalschrift
(Haarmann 1992)

Wenn das Primat der Autonomie der Schrift gilt, muß es auch möglich sein, Sprachen unabhängig von ihrer strukturellen Spezifik mit verschiedenen Schriften zu schreiben. Die Geschichte der Schriftsprachen und ihrer Literalität bietet zahlreiche Beispiele für Schriftwechsel, auch für die Parallelität verschiedener Schriften in Anwendung auf dieselbe Sprache. Einige seien hier aufgeführt:

Altägyptisch:
– Segmentalschrift in drei Varianten (Hieroglyphen seit ca. 3000 v. Chr., Hieratisch ab ca. 1500 v. Chr., Demotisch ab dem 7. Jh. v. Chr.)
– Alphabet (koptisch-christliche Literalität seit dem 3. Jh. n. Chr.)
Altgriechisch:
– Linear B (ab dem 17. Jh. v. Chr.)
– Kyprisch-Syllabisch (ab dem 11. Jh. v. Chr.)
– Alphabet (seit dem 8. Jh. v. Chr.)
Maya (Yukatekisch, Quiché):
– präkolumbisches Syllabar mit ideographischer Komponente (ab dem 3. Jh. n. Chr.)
– Lateinschrift spanischer Prägung (seit dem 16. Jh.)
Altirisch:
– Ogham (vom 3. bis 5. Jh. n. Chr. in Gebrauch)
– Lateinschrift (seit dem 5. Jh.).
Vietnamesisch:
– ideographisches Vietnamesisch (Nom, ab dem 13. Jh.)
– Lateinschrift französischer Prägung (Quoc Ngu, seit dem 17. Jh.)
Swahili:
– arabische Schrift (seit dem 17. Jh.)
– Lateinschrift englischer Prägung (seit dem 19. Jh.)
Japanisch:
– chinesische Schrift (Kanji zur Schreibung von Wortstämmen)
– Hiragana (Syllabar zur Schreibung grammatischer Morpheme)
– Katakana (Syllabar zur Schreibung nichtchinesischer Entlehnungen und Fremdwörter)

Abgesehen von den Originalschriften der Welt, deren Entstehungs- und Entwicklungsbedingungen jeweils mit den Lokalsprachen assoziiert waren, ist die Wahl von Schriftarten für einzelne Sprachen durch kulturhistorische Strömungen und politische Trends bestimmt worden, weniger durch Überlegungen, inwieweit sich ein Schriftsystem für einen bestimmten Sprachtyp eignet. Im Einzugsgebiet dominanter Kulturen entsteht gleichsam ein Sog, der Nachbarkulturen zumeist alternativlos an die zivilisatorischen Institutionen des Zentrums bindet.

Beispiele dafür bieten die regionalen Adaptionen der chinesischen Schrift an der Peripherie des chinesischen Kulturkreises. Während sich das chinesische System der Ideographie, das für eine Sprache vom isolierenden Typ geschaffen worden war, prinzipiell für das – ebenfalls strukturell isolierende – Vietnamesische eignete, war die chinesische Schrift ein Ballast für agglutinierende Sprachen wie Japanisch oder Koreanisch. Zur Überwindung der Schwierigkeiten, die chinesische Schrift für diese Sprachen mit ihrer vom Chinesischen abweichenden Sprachstruktur zu adaptieren, wurden zusätzlich zum chinesischen Zeichenrepertoire, mit dem Wortstämme geschrieben werden, lokale phonographische Schriften geschaffen: die Syllabare Hiragana und Katakana für das Japanische, die Alphabetschrift Hangul für das Koreanische.

Kulturhistorische Vorgaben gelten ebenfalls für die Adaption der Lateinschrift zur Schreibung der Sprachen in Westeuropa und für die Schriftschöpfungen des sogenannten «Slawenapostels» Kyrillos (der für die Schöpfung der Glagolica verantwortlich ist) und seines Schülers Kliment von Ohrid (der die Kyrillica geschaffen hat und sie zur Ehrung seines Lehrers nach ihm benannte) in Osteuropa. Das griechische Alphabet als Vorbild für die Kyrillica war in den mittelalterlichen Staaten der Slawen wegen des religiösen Schrifttums in dieser Sprache bekannt. Die lokalen Varianten der Kyrillica wurden als nationale Schriften angesehen, entsprechend gepflegt und tradiert.

Zum Verhältnis von Sprachstruktur und Schriftart

In Anbetracht der dominanten Einwirkung kulturhistorischer Strömungen auf die Wahl von Schriften für einzelne Sprachen ist die Frage zum Verhältnis von Sprachstruktur und Schriftart nur sinnvoll, wenn man sie auf die Bedingungen von Originalschriften bezieht. Die meisten dieser Schriften sind für die Wiedergabe von agglutinierenden Sprachen geschaffen worden, d. h. für Sprachen mit grammatischen Endungen. Diese Verhältnisse treffen auf die elamische und sumerische Schrifttradition in Mesopotamien, auf die Indus-Schrift, auf die altägyptische Schriftkultur und auf die Schriftentwicklung im präkolumbischen Mesoamerika zu.

Lediglich ein Schriftkulturkreis weicht mit seinen kulturellen und sprachtypologischen Bedingungen deutlich von allen anderen ab, und zwar der chinesische. Hier waren die Entwicklungsbedingungen für eine Annäherung der Schrift an sprachliche Strukturen im wesentlichen andere als in anderen Regionen mit alter Schrifttradition. Das Chinesische ist eine Sprache des isolierenden Typs. Es gibt keinen Unterschied zwischen lexikalischen und grammatischen Morphemen. Da es keine Flexion gibt, existieren auch keine Morpheme der letzteren Kategorie. Im Altchinesischen entspricht ein Lexem einem Morphem, und jedes Wort ist einsilbig. Die Bedeutung sprachlicher Äußerungen ist jeweils abhängig von den Sequenzen der lexikalischen Morpheme im syntagmatischen Zusammenhang. Diese Strukturtypik wird auch monothetisch genannt.

Unter Einschluß des chinesischen sprachstrukturellen Sonderfalls der Schriftgeschichte läßt sich zum Verhältnis von Sprachtyp und Schriftart allgemein sagen, daß je nach Sprachtyp der Prozeß der Phonetisierung entweder unvollkommen bleibt (wie im Fall der chinesischen Logographie) oder im Gegenteil beschleunigt wird (wie bei der Entwicklung von Syllabaren und Alphabeten). Die Geschichte der Originalschriften veranschaulicht dabei den Sachverhalt, daß die genannte Wechselbeziehung nicht wie ein Systemautomatismus funktioniert, sondern durch die Dynamik kultureller Konventionen variiert wird. Besonders illustrativ für die Veranschaulichung der Wechselbeziehung (in ihrer kulturellen Variabilität) zwischen sprachtypischen Merkmalen und Schriftart ist die Ausbildung des chinesischen und des altsumerischen Schriftsystems.

Die Anfänge des Schreibens in China sind noch nicht endgültig eruiert. Der Schriftgebrauch der Shang-Periode, der um 1200

v. Chr. einsetzt und dessen typische Textform die narrativen Sequenzen von Fragen und Antworten in den Orakelinschriften sind, zeigt bereits einen vollständig entwickelten Zeichenschatz. Die Entwicklungsstufen der Schrift bis zu diesem Stadium sind unbekannt. Einige Forscher sehen in den auf Keramik gemalten Symbolen der Banpo-Kultur (ca. 4000 v. Chr.) Ähnlichkeiten mit späteren chinesischen Schriftzeichen. Die ideographischen und logographischen Symbole der Orakelinschriften deuten auf piktographische Zeichenursprünge hin. Das Prinzip der Logographie eignet sich besonders für das Chinesische, da hier ein Schriftsymbol einem Lexem (Einzelwort) und einem Morphem entspricht. Zusätzlich repräsentiert dasselbe Schriftzeichen eine Silbe. Allerdings hat es zu keiner Zeit der Schriftentwicklung in China eine Eins-zu-Eins-Korrelation von ideographischen Symbolen und Silbenstrukturen gegeben. Die Zahl der Schriftsymbole ist größer als die der Silben des Chinesischen.

Ein wesentlicher Grund für diese Diskrepanz ist die Existenz von Tonemen (Tonhöhenunterschieden), deren System in den regionalen Varianten des Chinesischen sehr verschieden ausdifferenziert ist. In der Standardschriftsprache (Mandarin-Chinesisch) werden vier Toneme unterschieden, im Kantonesischen, zu dem auch das Chinesische von Hong Kong gehört, gibt es neun Toneme. Aufgrund der beschränkten Silbenzahl und des Umstands, daß alle Lexeme einsilbig sind, ist es im Chinesischen zur Bildung zahlreicher Homophone (gleichlautender Wörter) gekommen. Genauer gesagt sind Tausende von chinesischen Lexemen homophon. Dies sind Wörter mit der gleichen Silbenstruktur, deren Bedeutungsunterschiede sich aus ihrer Assoziierung mit einem jeweils anderen Stimmton ergeben. Da in der ideographischen Schreibweise des Chinesischen der Ideengehalt das entscheidende Kriterium ist, werden homophone Wörter aufgrund ihrer Bedeutungsunterschiede jeweils verschieden geschrieben. Insofern ist es nicht erforderlich, in der chinesischen Schreibweise Stimmtonunterschiede zu kennzeichnen (Abb. 13).

Wegen des logographischen Prinzips der chinesischen Schrift stellen sich konkrete Probleme bei der Schreibung abstrakter Begriffe, die sich nur schwierig oder gar nicht mit Hilfe ideographi-

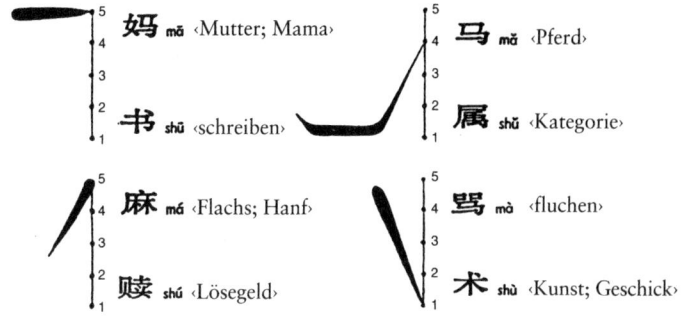

Abb. 13. Stimmtonunterschiede des Chinesischen in Lautung
und Schreibung (Haarmann 2001)

scher Zeichen darstellen lassen. Als Hilfsmittel in solchen Fällen
wird die Technik des Schreibens nach dem Rebusprinzip ange-
wendet. Ein ideographisches Zeichen zur Wiedergabe eines konkreten Begriffs wird übertragen auf ein Wort mit ähnlicher oder
gleicher Lautung, das einen abstrakten Begriff bezeichnet (z. B.
das Zeichen 來 zur Schreibung von chines. *leg*₁ ‹Weizen›, mit
dem sekundär auch das homophone *leg*₂ ‹kommen› geschrieben
wurde). Die Assoziierung des lautlich eindeutigen Zeichens mit
seinen unterschiedlichen Bedeutungen ergibt sich allein aus dem
Textzusammenhang.

Die Notwendigkeit, jeden konkreten Begriff durch ein nach
seiner Strichkonfiguration spezifisches Zeichen auszudrücken,
hat in der Schriftgeschichte Chinas eine Explosion des Zeichenbestandes hervorgerufen. Der Zeichenbestand der Orakelinschriften
der Shang-Zeit, der im 12. und 11. Jahrhundert v. Chr. in Gebrauch war, belief sich auf rund 2 500 Symbole. Während der
Han-Dynastie (202 v. Chr. – 220 n. Chr.) stieg die Zahl der
Schriftzeichen auf etwa 10 000 an. Im 12. Jahrhundert schließlich hatte sich der Zeichenbestand mehr als verdoppelt und um-
faßte ca. 23 000 Einzelzeichen. Die umfangreichsten Wörterbü-
cher führen rund 50 000 Zeichen auf.

Anforderungen an eine Phonetisierung der chinesischen
Schrift resultierten außer aus der Konfrontation mit der abstrak-

ten Begriffswelt auch aus der Namenschreibung. Insbesondere ausländische Namen, deren lautliche Komponenten im Chinesischen bedeutungslos sind, können nicht anders als nach dem phonetischen Prinzip adaptiert werden. Zu diesem Zweck werden die Silben in Namen mit jeweils einem lautähnlichen chinesischen Wort wiedergegeben. Mehrsilbige Namen werden daher als Sequenz lexikalischer Morpheme geschrieben. Die Bedeutung der chinesischen Wörter in ihrer silbischen Repräsentanz ist bei der Schreibung von Namen gänzlich irrelevant. Daher ergibt sich bei der Schreibung ausländischer Namen eine Aneinanderreihung von Silbensequenzen mit Annäherung an das chinesische Lautsystem und einer bedeutungsmäßigen Nonsense-Verkettung (Abb. 14).

Die Phonetisierung der chinesischen Schrift hat entwicklungsmäßig nur einige der möglichen Schritte getan, die mit diesem Schriftsystem potentiell vorgegeben sind. Der Sprachbau des Chinesischen hat allerdings eine weitergehende Phonetisierung als die auf dem tatsächlich realisierten Niveau nicht erfordert. Theoretisch wäre eine Entwicklung denkbar gewesen, wie sie im Syllabar der Yi-Sprache gleichsam zur Perfektion gebracht ist. Aus einem Bestand von Tausenden historischer Zeichenvarianten, die seit dem 14. Jahrhundert in Gebrauch waren, wurde die Yi-Schrift im Jahre 1975 standardisiert. Das moderne Schriftsy-

迭更斯 tié-kəŋ-sū̄	Dickens (‹wiederholt-ändern-dieses›)
柴霍甫斯基 zᵇái-xuò-fǔ-sū̄-cī	Tschaikovsky (‹Feuerholz-plötzlich-anfangen- dieses-Grundlage›)
里約熱內盧 lǐ-yē-ɽ̊ɣ-nèi-lú	Rio de Janeiro (‹Dorf-zustimmen-heiß-drinnen- Kohlenpfanne›)
利奧波德維爾 lì-àu-pō-tɣ-wéi-ɔ̌ɽ	Léopoldville (‹Gewinn-geheimnisvoll-Welle-Tugend- anbinden-du›)

Abb. 14. Die Schreibung ausländischer Namen im Chinesischen
(Haarmann 1992)

stem setzt sich aus 819 Einzelzeichen zusammen. Von diesen Zeichen dienen 756 zur Schreibung einheimischer, 63 zur Wiedergabe fremder Silbenstrukturen in Lehnwörtern. Würde für das Chinesische – ähnlich wie für das Yi – eine Silbenschrift mit konventionell festgelegten individuellen Zeichen für spezifische Silbenstrukturen konzipiert, hätte dies den Vorteil, daß die Zahl der Schriftzeichen, die derzeit verwendet werden, drastisch reduziert würde.

Daß die chinesische Schrift potentielle Alternativen einer Anpassung an andere als monothetische Sprachstrukturen bietet, verdeutlicht die Entwicklung dieser Schriftart im japanischen Kulturkreis. Kanji, das System chinesischer Schriftzeichen, dient zur Schreibung von Wortstämmen. Für die spezifischen Bedürfnisse der Schreibung grammatischer Morpheme des Japanischen wurde das Syllabar Hiragana geschaffen, dessen Zeichen sich aus dem Repertoire chinesischer Zeichen rekrutieren. Das Gleiche gilt für das andere japanische Zeichensystem, Katakana, das zur silbischen Transliteration nichtchinesischer Lehnwörter verwendet wird. Insofern werden japanische Texte in drei Schriftsystemen geschrieben, wobei jedes der Systeme spezifische Funktionen erfüllt.

Angesichts des Sachverhalts, daß die Schrift als kulturelle Institution in China seit Jahrtausenden verwurzelt ist, kann es nicht verwundern, daß im Laufe der Geschichte zahlreiche Stereotypen über das Chinesische und seine Schriftkultur entstanden sind. Einer dieser Stereotypen ist die volkstümliche Auffassung, wonach die chinesische Schrift so typisch chinesisch ist, daß man das Chinesische mit keiner anderen Schriftart sinnvoll schreiben könne.

Der beste Gegenbeweis ist die Existenz von Pinyin, einem Transliterationssystem zur Wiedergabe des Chinesischen in Lateinschrift. Dieses seit 1958 verwendete System wird einerseits in der wissenschaftlichen Literatur, andererseits als offizielles Transliterationssystem chinesischer Namen von der UNO und ebenso in den Massenmedien verwendet. Toneme werden im Pinyin mit diakritischen Zeichen markiert. Um 1913 wurde auch ein nationalchinesisches Alphabet konzipiert, dessen Zeichen

sich teils von chinesischen Ideogrammen ableiten, teils Neuschöpfungen sind, und bei dem die Toneme durch diakritische
Sonderzeichen (Punkt, Strich) markiert werden. Aufgrund der
politischen Wechselfälle haben sich diesem Alphabet mit chine-
sischem Lokalkolorit keine Entfaltungschancen geboten.

Es gibt zahlreiche Beispiele für die Schreibung monotheti-
scher Sprachen mit Hilfe von Alphabetschriften. Die Schrift zur
Wiedergabe des Thai ist ein silbisches Alphabet, das im 13.
Jahrhundert aus der Khmer-Schrift abgeleitet wurde. Die
Khmer-Schrift ihrerseits ist ein Ableger des südindischen
Schriftenkreises. Besonders komplex ist das Vokalsystem des
Thai, das insgesamt 24 einfache Vokale und Diphthonge unter-
scheidet.

Ein lebendes Beispiel dafür, daß man eine monothetische
Sprache in Lateinschrift schreiben kann, finden wir in der modernen Graphie des Vietnamesischen. Die 22 lateinischen Buchstaben, die adaptiert wurden, reichen bei weitem nicht aus, um
alle phonematischen Differenzierungen zu kennzeichnen. Es
gibt zahlreiche Zusatzzeichen, ein graphisch ergänztes đ (zur
Bezeichnung eines dentalen Verschlußlauts) sowie verschiedene
Konsonantenverbindungen wie *ng*, *ph* oder *gh*, die aber Einzellaute bezeichnen. Diakritische Zeichen werden einerseits zur
Bezeichnung der Kürze sowie des Öffnungsgrades von Vokalen
verwendet, andererseits zur Kennzeichnung der Stimmtonkorre-
lation. Das Vietnamesische kennt sechs Toneme, von denen eines, der Normalton, unbezeichnet bleibt, während die übrigen
jeweils mit spezifischen Tonhöhenzeichen markiert werden
(Abb. 15). Die Graphie des Vietnamesischen macht auf einen
Europäer den Eindruck höchster Komplexität. Dies ist aller-

fallender Ton	à	ằ	ầ	è	ề	ì	ò	ồ	ờ	ù	ừ	ỳ
steigender Ton	á	ắ	ấ	é	ế	í	ó	ố	ớ	ú	ứ	ý
tiefer Ton	ạ	ặ	ậ	ẹ	ệ	ị	ọ	ộ	ợ	ụ	ự	ỵ
fallend-steigender Ton	ả	ẳ	ẩ	ẻ	ể	ỉ	ỏ	ổ	ở	ủ	ử	ỷ
unterbrochen-steigender Ton	ã	ẵ	ẫ	ẽ	ễ	ĩ	õ	ỗ	ỡ	ũ	ữ	ỹ

Abb. 15. Die Markierung der Toneme im Vietnamesischen
(Haarmann 2001)

dings zu relativieren, wenn man damit die komplizierte Schreib-
weise des älteren, auf der chinesischen Schrift basierenden Nom-
Systems vergleicht. Vom Standpunkt seiner schrifttechnischen
Effektivität aus betrachtet wäre die moderne vietnamesische
Schrift ohne weiteres auf das Chinesische übertragbar.

Auf dem Weg zu einer fortschreitenden Phonetisierung

Die Schriftgeschichte ist die Geschichte einer fortwährenden
Auseinandersetzung des Schriftbildes mit den Formelementen
einer Sprache. Die grammatischen Strukturen bestimmter Sprachen (solche des agglutinierenden, flektierenden und poly-
synthetischen Typs) stellen für das Schreiben eine besondere
Herausforderung dar. Eine agglutinierende Sprache wie das
Sumerische machte besondere Prioritäten in den Schreibkonventionen erforderlich. Die altsumerische Piktographie berücksich-
tigte im wesentlichen nur Wortstämme. Beim Schreiben des
Sumerischen war man zu keiner Zeit bemüht, die Sprache pho-
netisch exakt wiederzugeben. Wir haben es hier mit einer
Schreibweise nach dem Schlagwortprinzip (engl. *catch word
principle*) zu tun, und dieses Prinzip ist in der sumerischen
Schrifttradition immer aufrechterhalten worden, auch noch in
der Zeit des Wandels zur Keilschrift.

Das Schlagwortprinzip ist in den sumerischen Texten nie aufgegeben worden. Dies ist unter anderem daran zu erkennen, daß
in sumerischen Texten überwiegend (bis maximal 63 %) Logogramme und Determinative verwendet wurden. Der Anteil der
Syllabogramme schwankt zwischen 37 % und 54 %. Erst mit der
Adaption der sumerischen Schrift für das Akkadische wird das
Schlagwortprinzip aufgegeben, und zwar zugunsten einer Dominanz syllabischer Schreibweise. In akkadischen Texten steigt
der Anteil der Syllabogramme an der Gesamtzahl der verwendeten Zeichen (bis maximal 400) auf 86 % bis 96 % an. Gleichzeitig nimmt die Zahl der verwendeten Logogramme drastisch ab
(4 % bis 7 %).

Der Vorteil dieses Phonetisierungsschubs in der Schriftentwicklung liegt auf der Hand: Texte binden sich in ihrer Schrift-

form mehr an die Lautsequenzen der Sprache, die Gedanken-
gänge sind eindeutiger festgelegt, und damit unterliegen die vom
Schreiber intendierten Textinhalte weniger als im Fall des
Schlagwortprinzips den Unsicherheiten interpretativer Ausle-
gung auf Seiten des Lesers.

Vergleiche darüber, wie unterschiedlich ein und derselbe Text
zu verschiedenen Zeiten aufgezeichnet wurde, kann man anhand sumerischer Lehrtexte anstellen, die wegen ihres zeitlosen
belehrenden Inhalts in verschiedenen Perioden immer wieder
neu redigiert wurden. Ein solcher Text sind die Unterweisungen
des Šuruppak für seinen Sohn Ziudsudra, die in einer älteren
Version aus der Zeit um 2600 v. Chr. und in einer um 1850
v. Chr. entstandenen jüngeren Version erhalten sind. Im älteren
Text bleibt weitaus mehr vom Inhalt der ergänzenden Interpre-
tation des Lesers überlassen als in der jüngeren Textversion, die
die sprachliche Zeichensequenz sehr viel präziser verschriftet.

Nach neueren Erkenntnissen war auch die alte Indus-Schrift
nach dem Schlagwortprinzip organisiert. Die Sprache der Träger
der Indus-Kultur war aller Wahrscheinlichkeit nach eine Variante des Dravidischen, also eine agglutinierende Sprache. Geschrieben wurden nur Wurzelwörter; Endungen und Ablei-
tungssuffixe blieben unberücksichtigt. An dieser Schreibweise
hielt man bis zum Ende der Verwendung dieser Schrift (d. h. bis
ca. 1800 v. Chr.) fest.

Der Prozeß der Phonetisierung von Schriftzeichen war langwierig und endete in den meisten Kulturen der Alten Welt im
Entwicklungsstadium von Silben- und Segmentalschriften.
Nach neuesten Erkenntnissen kannte auch die Maya-Schrift
im präkolumbischen Amerika das Prinzip einer syllabischen
Schreibweise. Die Zusammensetzung der Zeicheninventare in
den Lokalschriften zeigt eine erhebliche Variationsbreite. Das
Inventar der akkadischen Keilschrift setzte sich aus maximal
400 Zeichen zusammen, wovon je nach Textgestaltung zwischen 85% und 95% Syllabogramme waren. Linear B, mit dem
das Mykenisch-Griechische geschrieben wurde, verwendete 73
Silbenzeichen. Das Inventar des Kyprisch-Syllabischen, das zum
Schreiben des Eteokyprischen und des arkadischen Griechisch

diente, bestand aus 55 Einzelzeichen. Die modernen japanischen Syllabare (Hiragana und Katakana) kommen mit jeweils 48 individuellen Syllabogrammen aus.

4. Schreibtechniken und Schriftträger – Von der Tontafel zum elektronischen Buch

Die Menschen haben ihre Erfindungsgabe und visuelle Kreativität ausgiebig in den graphischen Repertoires ihrer diversen Schriftsysteme demonstriert. Ebenso beeindruckend ist die Vielfalt der Schriftträger, die während der 7000jährigen Schriftgeschichte verwendet worden sind. Hier scheint es für die menschliche Phantasie praktisch keine Grenzen zu geben.

Zum Kreis der Schriftträger gehören anorganische Materialien – Stein, Ton, Metall oder Kunststoff – wie auch organische Stoffe (z. B. Holz, Knochen, Palmblätter, Leder, Papier, Textilien). Die Gebrauchshäufigkeit einzelner Stoffe hat sich im Laufe der Kulturgeschichte gewandelt. Während bestimmte traditionsreiche Schreibgewohnheiten als solche beibehalten worden sind, haben sich Schriftträger immer wieder geändert. Längere Texte wurden früher auf Papyri oder Palmblätter geschrieben, später auf Papier und als Buch gebunden. Für Lehrzwecke verwendeten Etrusker und Römer Wachstafeln, d. h. mit Wachs überzogene Tafeln aus Holz oder Elfenbein. Lange Zeit haben sich Schiefertafeln in den Schulen gehalten, und erst in der zweiten Hälfte des 20. Jahrhunderts kamen auch Kunststofftafeln in Mode. Holztafeln mit Schlüsseltexten sind bis heute in den Koranschulen Asiens und Afrikas verbreitet.

Stein

Es ist naheliegend, daß der Mensch durch alle Perioden hindurch solche Materialien zum Auftragen von Schrift verwendet hat, auf denen er sich bereits seit Zehntausenden von Jahren –

also lange vor der Entstehung von Schrift – mit seiner visuellen Kreativität verewigt hat. Der mit Sicherheit älteste Träger des visuellen Kulturschaffens ist Stein. Der Beständigkeit dieses Materials ist die Erhaltung der ältesten Spuren menschlichen Kunstschaffens zu verdanken, der Felsbilder in den paläolithischen Höhlen Europas und Afrikas und an den Felsüberhängen Australiens. Bis heute ist Stein als Schriftträger in Gebrauch, sei es für Gedenkinschriften auf Grabsteinen oder Monumenten, für Reklamebeschriftungen oder in Form von Graffiti an Häuserwänden.

Interessanterweise ist Stein in der Alten Welt nicht das älteste Material, auf das Schriftzeichen gemalt oder geritzt wurden. Der älteste Schriftträger ist Ton, in Form von kleinen, im Feuer hart gebrannten Tafeln wie die von Tărtăria in Transsylvanien aus der Zeit um 5300 v. Chr., wie die ältesten Siegelaufschriften auf Grabbeigaben der vordynastischen Zeit Ägyptens aus der Zeit zwischen 3150 und 3350 v. Chr. oder wie die frühesten sumerischen Tontäfelchen von ca. 3200 v. Chr. Stein war aber der älteste Schriftträger in der Neuen Welt. Die frühesten olmekischen Glyphen finden sich auf Steinstelen. Das Reliefieren von Steinstelen und Bauteilen der steinernen Pyramiden mit Glyphen war charakteristisch für die Kulturzentren der Maya.

Stein ist in vielen Kulturen der Welt zu den verschiedensten Zeiten immer wieder als Schriftträger verwendet worden. Die meisten Bauteile in der Architektur Altägyptens, die Innenwände von Pyramiden, Tempeln und Grabkammern, Säulen und Obelisken sind übersäht mit Bilderfriesen und Hieroglypheninschriften. Wichtige kulturhistorische Dokumente wie der in Keilschrift verfaßte Gesetzeskodex des babylonischen Königs Hammurabi (reg. ca. 1792–1750 v. Chr.), die um 450 v. Chr. entstandene griechische Rechtskodifikation von Gortyn in der Mesaraebene auf Kreta, die Gesetzessammlung des indischen Herrschers Ashoka (reg. 268–232 v. Chr.), die Inschriften der Bergheiligtümer Anatoliens in luwischer Sprache und Hieroglyphenschrift, die zahlreichen Gründungsinschriften in lateinischer Sprache und viele skandinavische Runeninschriften sind in Stein gemeißelt oder geritzt worden.

In der Antike war Stein auch ein bevorzugtes Material für die Herstellung von Siegeln. Beschriftete Siegel sind zwar bereits von Fundstätten der Donauzivilisation aus dem 5. Jahrtausend v. Chr. bekannt, diese waren aber aus gebranntem Ton. Die ältesten Siegel aus Stein stammen aus dem südlichen Mesopotamien (Uruk) und aus dem elamischen Kulturkreis (Susa). Die frühen Siegel im Alten Orient tragen figurale Ornamente, aber bald schon wurden sie auch beschriftet. Die typische Siegelform im Alten Orient ist der Zylinder. Zur Herstellung von Siegeln sind im Laufe der Kulturgeschichte die unterschiedlichsten, verschiedenartig gefärbten Mineralien verwendet worden. Zu den bekannteren Sorten gehören Bergkristall, Opal, Amethyst, Bernstein, Rosenquarz, Jade, Smaragd, Aquamarin, Hämatit, Onyx und Achat.

Auch Stein ist kein ewig haltbarer Beschreibstoff – man denke an die Erosionsschäden an antiken Denkmälern durch jahrhundertelange Witterungseinflüsse oder durch moderne Schadstoffe wie Abgase –, aber er ist dennoch der mit Abstand haltbarste.

Ton und Keramik

Beliebt als Schriftträger in vielen Kulturen war und ist Tonware, sei es in Gestalt von tönernen Skulpturen (wie die weiblichen Figurinen der alten Donauzivilisation), in Form von Tontafeln (wie in Mesopotamien oder im minoischen Kreta), von Kultgefäßen in den etruskischen oder griechischen Grabbeigaben oder von Gebrauchskeramik wie in den Kulturen rings um das Mittelmeer. Die Griechen der Antike sind zu Recht für ihre kunstvoll gefertigten und dekorierten Vasen gerühmt worden. Diese sind nicht nur mit vielerlei Szenen der griechischen Mythologie verziert, häufig tragen sie auch Inschriften. Der älteste griechische Text in Alphabetschrift, der auf dem Festland gefunden wurde, ist die berühmte Inschrift auf der Dipylon-Kanne aus Athen, die aus der ersten Hälfte des 8. Jahrhunderts v. Chr. stammt. In Griechenland wurden aber Gegenstände aus Keramik schon Jahrhunderte vorher beschriftet. Eine in mykenischer Zeit gut dokumentierte Kategorie von Texten sind die auf Vasen

gemalten Inschriften in Linear B. Einige von diesen sind kunstvoll ausgeführt. Hier liegen die Anfänge der kalligraphischen
Tradition in Europa (s. u.).

Schreibgrundlagen aus Metall

Zu den Innovationen der frühen Zivilisationen gehört die Verar-
beitung von Metallen. Die ältesten Metalle, die noch kalt bearbeitet wurden (durch Hämmern), waren Kupfer und Gold. Später
kamen Schmelztechniken in Gebrauch, die auch die Herstellung
von Legierungen ermöglichten (z. B. Bronze). Auf praktisch alle
Metallsorten, die in der Antike in Gebrauch waren, ist auch geschrieben worden. Metall teilt zwar mit Stein dessen Beständigkeit, viele Metallgegenstände sind aber im Laufe der Zeit dadurch zerstört worden, daß sie eingeschmolzen und ihr Material
erneut verarbeitet wurde. Eine Vielzahl an Skulpturen und
Schmuckgegenständen ist dem Prozeß der materiellen Wiederverwendung zum Opfer gefallen. Dies gilt auch für die Beschrif-
tungen, die solche Gegenstände einmal trugen. Andererseits hat
die moderne Archäologie viele beschriftete Metallobjekte ans
Licht gebracht, die als stumme Zeitzeugen teilweise Jahrtausende im Verborgenen lagen.

In einigen Regionen mit reichen Metallvorkommen waren be-
stimmte Metalle sogar ein bevorzugter Beschreibstoff, so auf der
Iberischen Halbinsel. Viele der Inschriften in iberischer und kelt-
iberischer Sprache finden sich auf Bleiplatten. Auch die Etrusker
verwendeten Bleiplatten als Schriftträger; daneben findet man
Inschriften in etruskischer Sprache auch auf Gegenständen aus
Gold, so etwa die berühmte Inschrift auf den Goldblechen aus
Pyrgi (5. Jahrhundert v. Chr.).

Knochen und Elfenbein

Der größte Teil der Schriftträger in der Kulturgeschichte des
Schreibens sind organische Materialien. Zu den ältesten orga-
nischen Stoffen gehört Knochen. Auch dies ist eines der Materialien, das schon lange vor dem Schriftgebrauch von Men-

schen bearbeitet und mit Ornamenten verziert wurde. Auf Knochen sind auch die frühesten, aus der Periode des Paläolithikums stammenden numerischen Markierungen erhalten, vielleicht Tageszählungen von Intervallen zwischen den Vollmondphasen.

In Altchina waren die Schulterblattknochen von Hirschen und Schildkrötenpanzer die ältesten Materialien, auf die geschrieben wurde. Zwar findet man einzelne Zeichen mit vermutlich magischer Symbolfunktion, die wie entwicklungsmäßige Vorstufen späterer chinesischer Schriftzeichen aussehen, bereits auf den Tongefäßen des neolithischen Siedlungsplatzes von Banpo (Provinz Gansu) aus dem 5. Jahrtausend v. Chr., Zeichensequenzen in Form vollständiger Inschriften sind aber erst auf die Orakelknochen gemalt worden. Jahrhundertelang wurden die Fügungen des Schicksals aus den Rissen interpretiert, die die Knochen im Feuer erhielten, und die Inschriften sollten den Geistern und Ahnen mit magischer Kraft die lebenswichtigen Fragen derjenigen nahebringen, die das Orakel anriefen.

Als besonders wertvolles Knochenmaterial wurde zu allen Zeiten Elfenbein geschätzt, und dieser Stoff ist seit dem Paläolithikum als Träger von Bildmotiven und später von Schriftzeichen verwendet worden. In Elfenbein geschnitzte Inschriften gehören zu den exquisitesten Schaustücken des Kunsthandwerks. Ein Exemplar von besonderer Bedeutung ist das sogenannte «Runenkästchen», das im Herzog-Anton-Ulrich-Museum in Braunschweig aufbewahrt wird. Dorthin gelangte es im 19. Jahrhundert aus Gandersheim. Bis heute sind der Ursprung und die Funktion dieses an ein Reliquiar erinnernden Stückes Schnitzkunst ungeklärt. Lediglich vermutet wird seine Zugehörigkeit zum angelsächsischen Kulturkreis des 8. Jahrhunderts. Wie dieses Kästchen mit seiner wohl religiös motivierten Runeninschrift ins Kloster von Gandersheim gelangt sein könnte, darüber geben die alten Quellen keinen Aufschluß.

Papyrus

Viele organische Beschreibstoffe sind vergänglich. Dazu gehören
unter anderem Holz, Leder, Papyrus, Pergament, Papier, Palmblätter und Textilien. Einige von diesen Materialien sind schon
vor Tausenden von Jahren als Schriftträger verwendet worden.
Im alten Ägypten ist seit Beginn des 3. Jahrtausends v. Chr. auf
Holz und textile Stoffe geschrieben worden. Papyrus ist zwar bereits aus Grabbeigaben der 1. Dynastie (Gräber von Saqqara)
bekannt, die ältesten Fundstücke sind aber unbeschrieben. Die
Herstellung von Papyrus war anfänglich vielleicht nicht dadurch
motiviert, als Schriftträger zu dienen. Sein späterer Gebrauch als
bevorzugter Beschreibstoff machte dieses Material dann aber zu
dem beliebtesten im Pharaonenreich. Über die Herstellung von
Papyrus aus der Papyruspflanze (Cyperus papyrus L.) finden
sich in den ägyptischen Quellen keine Informationen. Möglicherweise hielt man es im alten Ägypten für angebracht, das
technische Know how der Papyrusherstellung als exklusives
Spezialwissen der damit betrauten Fachleute zu bewahren. Die
Europäer lernten darüber Näheres aus den Werken des römischen Autors Plinius des Älteren (23 – 79 n. Chr.).

Viele der Papyrustexte, die in Ägypten und in den Kulturzentren des Nahen Ostens entstanden, sind verloren gegangen. Vielleicht ist sogar der größte Teil des antiken Schrifttums auf Papyrus der Witterung und der menschlichen Zerstörungswut
(u.a. Feuer) zum Opfer gefallen. Nicht selten war auch Ignoranz
am Werk, so etwa, wenn ägyptische Fellachen am Rande ihrer
Felder Feuer zum Teekochen mit den Fetzen von Papyri anzün-
deten, die in Krügen aufbewahrt irgendwo im Sand lagen. Dennoch ist ein großer Teil erhalten geblieben, dank des trockenen
Klimas im östlichen Mittelmeer und im Niltal und dank der Un-
berührtheit vieler Grabkammern, die nicht von Grabräubern ge-
plündert und erst von Archäologen geöffnet wurden.

Papyrus, der im Altertum das gesamte Nildelta in dichten Be-
ständen bedeckte, wächst schon lange nicht mehr in der ägyptischen Natur. Dort, wo man Papyrus in Ägypten findet, ist er kul-
tiviert und neuerlich angepflanzt. Die Römer brachten die

Kunde von der Papyrusherstellung zusammen mit der Pflanze nach Europa, wo sie bis heute in Sizilien an Bächen und kleinen Flußläufen heimisch ist. In Ägypten wurde Papyrus als Beschreibstoff vom Papier verdrängt, das die Araber im 8. Jahrhundert dort einführten. Bemerkenswerterweise war Papyrus außerhalb seines Ursprungslandes noch länger in Gebrauch. Bis ins 11. Jahrhundert verwendete die päpstliche Kanzlei in Rom Papyrus für ihre Urkunden.

Holz und Rinde

Holz hat sich als Beschreibstoff nur dort erhalten, wo es nicht unter dem Einfluß feuchter Witterung moderte und verfaulte. Ägypten kann diesbezüglich auf die längste Tradition zurückblicken. Die Deckel und die Wände hölzener Sarkophage sind dort von altersher mit Bildsequenzen bemalt und auch beschriftet worden. Auf Holz geschriebene Texte sind in den unterschiedlichsten Regionen der Welt unter den verschiedenartigsten Bedingungen konserviert worden. In den Höhlen der Osterinsel sind die Rongorongo-Tafeln mit den rituellen, als Geheimwissen von den Priestern gehüteten Texten teilweise bis ins 20. Jahrhundert erhalten geblieben.

In der Oasenstadt Loulan, in den ersten Jahrhunderten unserer Zeitrechnung Zentrum eines Königreichs an der nördlichen Peripherie der Seidenstraße im Westen Chinas (Xinjiang), hat man vor einigen Jahren beschriftete Holztafeln gefunden. Einige trugen Zollvermerke über abgefertigte Waren, andere Tafeln mit buddhistischen Texten weisen auf die Verbreitung dieser Religion in jener Region hin. Diese Tafeln haben sich im trockenen Boden der Taklimakan-Wüste, einer Nebenregion der großen Wüste Gobi, erhalten, und auch die mit Tinte aufgetragenen Texte sind noch lesbar.

Nicht nur das feste Material des Holzes, sondern auch die weiche Rinde von Bäumen ist gelegentlich als Beschreibstoff verwendet worden. Dafür eignet sich besonders Birkenrinde, die in Amerika – von den Ojibwa-Indianern zur Aufzeichnung ihrer Kekinowin-Bilderzählungen (s. Kap. 1) – und auch in Europa verwendet wurde. Berühmt ist das Birkenrindenschrifttum aus dem mittelalterlichen Nowgorod, wo sich die Handelswege von Skandinavien bis Byzanz und von Moskau bis in die Hanse-städte an Nord- und Ostsee kreuzten. Der bevorzugte Gebrauch von Birkenrinde als Beschreibstoff weist nicht nur darauf hin, daß man in Nowgorod ein billiges Material dem teuren Perga-ment vorzog, sondern auch darauf, daß die Fähigkeit zu lesen und zu schreiben nicht auf einen kleinen Kreis speziell ausgebil-deter Schreiber beschränkt war.

Die Texte des Birkenrindenschrifttums, die aus der Zeit vom 11. bis 15. Jahrhundert stammen, sind thematisch vielfältig. Es sind Texte des Wirtschaftslebens wie Geschäftsbriefe, juristi-sche Dokumente wie Urkunden und Verträge, Texte religiösen und kirchlich-praktischen Inhalts, einfache Briefkorrespon-denz und Texte für Unterrichtszwecke (z. B. Abc-Übungen) ge-funden worden. Die Sprache dieser Texte ist das Altrussische. Lediglich ein Text ist in einer anderen Sprache verfaßt, und zwar in Finnisch.

Palmblätter

Im Mittelmeerraum wurden Palmblätter als Beschreibstoff schon in der Antike verwendet. Die ältesten Hinweise darauf findet man in Altkreta. Schriftforscher haben sich darüber ge-wundert, daß die meisten Texte in Linear A und in Linear B le-diglich auf Tontafeln überliefert sind. Geradezu enttäuschend war die Feststellung, daß die Texte in Linear B aus Knossos nach ihrem Inhalt ausschließlich Angelegenheiten der Palastbürokra-tie betreffen. Da Linear B einen kursiven Schriftduktus entwik-kelt hat, fragte man sich, ob nicht der Großteil der mykenisch-griechischen Texte in Linear B auf einem Material geschrieben worden ist, das der Witterung nicht standgehalten hat. Die ein-zige schlüssige Erklärung, die man gefunden hat, ist die, daß die Minoer und später die Mykener in Kreta mit Vorliebe auf Palm-blätter geschrieben haben. Palmen wuchsen dort in der Antike noch mehr als heute.

Für spätere Zeiten ist die Verwendung von Palmblättern aus den Kulturen Asiens bezeugt. In den Archiven der Klöster entlang der Seidenstraße sind viele alte Handschriften entdeckt worden, die von buddhistischen Mönchen in den ersten Jahrhunderten unserer Zeitrechnung aufgezeichnet wurden. Etliche der religiösen Texte sind auf Palmblätter geschrieben, andere auf Textilien oder Papier. Der umfangreichste Schriftenfund stammt aus einem der Klöster von Dunhuang (im Westen der chinesischen Provinz Gansu), wo eine bis dahin geheim gehaltene Manuskriptsammlung im Jahre 1907 westlichen Forschern geöffnet wurde.

Religiöse Texte sind von Hindus wie von Buddhisten auf Palmblätter geschrieben worden, die gebündelt und zwischen Holzdeckeln wie ein Buch zusammengehalten werden. Tausende solcher Palmblattbücher werden bis heute in Klosterarchiven Indiens, Sri Lankas, in den Ländern Südostasiens und in Tibet aufbewahrt.

Leder

Leder war ein Beschreibstoff, der im antiken Griechenland weit verbreitet war. Am häufigsten wurde Ziegenleder verwendet; der griechische Ausdruck dafür ist *diphthera*. Über etruskische Vermittlung ist dieses Wort nach Italien gelangt und wurde von den Römern als *littera* (Sg.) ‹Buchstabe› bzw. *litterae* (Pl.) ‹Brief› adaptiert. In diesen Bedeutungen spiegelt sich die ursprüngliche Assoziation des Materials mit dem Schreiben. Von den vielen auf Leder geschriebenen Texten in griechischer, etruskischer oder lateinischer Sprache ist kein einziger erhalten geblieben. Das Material ist zusammen mit den Texten dem Zahn der Zeit zum Opfer gefallen. Einfach behandeltes Leder war als Beschreibstoff preiswerter und leichter zu haben als Pergament, dessen Bearbeitung weitaus aufwendiger war.

Pergament

Das Rohmaterial für die Pergamentherstellung ist ebenfalls Tierleder, doch erst nach einem komplizierten Säuberungsprozeß (Einweichen in Kalkwasser, Enthaarung, Abschaben, Glätten, Trocknen) wird aus der rohen Tierhaut steifes, aber witterungsbeständiges Pergament. Nur frische Schrift ist auf Pergament löschbar. Wollte man einen alten Text löschen und die Schreibvorlage erneut benutzen, mußte man die alte Beschriftung erst mit Bimsstein abreiben. Wie der Name andeutet, stammt das Pergament ursprünglich aus Pergamon (moderner Name: Bergama), dem 283 v. Chr. gegründeten kleinen Königreich im Nordwesten Kleinasiens. Um 180 v. Chr. begann man in Pergamon mit der Herstellung von Pergament.

Die Experimente mit dem neuen Beschreibstoff wurden erforderlich angesichts eines von den Ptolemäern verhängten Exportverbots von Papyrus. Zunächst war die Pergamentproduktion für den Aufbau der Bibliothek in Pergamon vorgesehen, bald aber entdeckte man den Wert des neuen Materials als Handelsware. In der frühen römischen Kaiserzeit wurden längere Texte in Form des sogenannten Pergamentkodex mit Lagen zu jeweils vier gefalteten Blättern (daher die Bezeichnung Quaternionen) ausgefertigt. Pergament verwendete man für wertvolle Textausgaben (auch mit Illustrationen). Papyrus war im Unterschied dazu für einfache Textredaktionen in Gebrauch.

Textilien

Die Zeiten, als Papyrus und Pergament als Beschreibstoffe verwendet wurden, sind längst vorbei. Ein anderes Material allerdings, das nie Hauptbeschreibstoff war, das aber durch die Zeiten bis heute als Schriftträger dient, sind Textilien. Da Stoffe wie auch Leder stark witterungsanfällig sind, sind viele beschriftete Textilien aus früheren Epochen im wahrsten Sinn des Wortes «vergangen». Aus der Antike sind lediglich Einzelstücke erhalten. Einige davon sind von besonderem kulturhistorischem Interesse. Im 19. Jahrhundert wurde im Nationalmuseum von Zagreb (früher: Agram) in Kroatien ein längerer etruskischer Text entdeckt, der auf die Binden einer ägyptischen Mumie geschrieben ist. Er enthält über 1200 Einzelwörter und ist der längste, der bisher in etruskischer Sprache gefunden wurde. Wie der Text auf die Mumienbinde kam und wann die Mumie nach Europa gelangte, ist bis heute ein Geheimnis.

Ein anderes kulturhistorisch bedeutendes Textil stammt aus dem Mittelalter, und zwar der berühmte Wandteppich von Bayeux in Nordfrankreich. Dieser Teppich ist um 1100 gewebt worden. In detailreichen Bildsequenzen werden die Landung der Normannen in England im Jahre 1066 und die Vorbereitungen zu diesem Unternehmen dargestellt. Ein ebenfalls eingewebter Text in lateinischer Sprache erläutert einzelne Bildszenen (z. B. *hic exeunt caballi* ‹hier werden die Pferde von Bord geholt›).

Papier

Papier ist das Material, das am effektivsten den Bedürfnissen des Schreibens dient und in der Welt am verbreitetsten war und immer noch ist. Obwohl der Ausdruck selbst mit dem ägyptischen Papyrus assoziiert ist, geht die Herstellung von Papier ganz anders vor sich als die von Papyrus. Für Papyrus wird die innere, weiche Borke der Papyruspflanze gepreßt und geglättet, Papier entsteht aus einem Brei von Pflanzenfasern auf Siebunterlagen. Mit dieser Technik wurde zuerst erfolgreich in China experimentiert, und zwar schon im 2. Jahrhundert v. Chr. Von China aus gelangte die Kunde der Papierherstellung im 7. Jahrhundert nach Indien und von dort hundert Jahre später nach Westasien.

Das Papier wurde im 8. Jahrhundert von den Arabern in Ägypten eingeführt und hat dort den einheimischen Papyrus rasch verdrängt. Rund fünf Jahrhunderte lang bewahrten die Araber ihr Herstellungsmonopol und trieben einen blühenden Handel mit Papier. Auf diese Weise lernten die Europäer das Material kennen, aber als Beschreibstoff blieb Pergament bis ins Hochmittelalter in Westeuropa am verbreitetsten. Im 12. Jahrhundert allerdings gelang es den Europäern, sich das bis dahin sorgsam gehütete Geheimwissen der Araber anzueignen. Wenig später, und zwar im 13. Jahrhundert, entwickelte sich in Italien eine Papierindustrie.

Seinen Siegeszug in Europa und später in der ganzen Welt verdankt das Papier dem um 1455 von Johannes Gutenberg erfundenen Buchdruck mit beweglichen Lettern. Viele glauben bis

heute, daß aufgrund von Gutenbergs Erfindung die Volkssprachen in Europa ihren eigentlichen Durchbruch erlebten und sich
gegenüber dem Lateinischen als Bildungssprachen emanzipier-
ten. Tatsache ist, daß zunächst die lateinische Schrifttradition
einen enormen Aufschwung erlebte, und die große Masse aller
Bücher war bis ins 17. Jahrhundert in Lateinisch geschrieben.
Danach aber setzten sich die lokalen Schriftsprachen über das
Medium des Buches endgültig durch. Bis zum Beginn des digitalen Zeitalters waren das Papier als Beschreibstoff und das Buch
als Medium der Speicherung geschriebener Information die
wichtigsten Instrumente der Schriftlichkeit.

Die Geschichte der Verbreitung von Papier und Buch außer-
halb Europas kennt allerlei eigenwillige Wendungen und bietet
auch so manche überraschende Konfrontation der Zivilisatio-
nen. Dies gilt etwa für die Begegnung der Welten in Amerika.
Nachdem die spanischen Konquistadoren unter Führung von
Hernando Cortés Mexiko erobert hatten, lernten sie dort viele
Dinge kennen, die es nach der Auffassung der Europäer bei den
«Wilden» nicht geben durfte: eine hoch entwickelte Architektur,
Schrift, Bücher und Bibliotheken. Diese Konfrontation der Eu-
ropäer mit der indianischen Zivilisation löste offensichtlich eine
Art Kulturschock aus, der sich in sinnloser Aggression und Bru-
talität äußerte. Die Bibliotheken gingen in Flammen auf, Kult-
stätten wurden demoliert, Kulturschaffende ermordet, die
Schriftkultur wurde erstickt.

In Amerika hatte es, als die Spanier kamen, eine blühende
Schriftkultur und eine Literatur in zahlreichen Gattungen gegeben. Die berühmteste Gattung der Maya-Literatur sind wohl die
sogenannten Faltbücher (Codices), die auf einheimischem Papier geschrieben wurden. Diese Papierart wurde aus dem mit
Gummisaft getränkten Bast einer wilden Feigenart (Ficus coto-
nifolia) hergestellt. Lediglich vier der vielen tausend Codices aus
präkolumbischer Zeit sind der Zerstörungswut der spanischen
Invasoren und ihrer Helfer, der Priester, entgangen. Die erhaltenen Faltbücher sind der Codex Dresdensis (Dresdner Kodex),
Codex Peresianus (Kodex Paris), Codex Tro-Cortesianus (Kodex Madrid) und der Kodex Grolier. Die Faltbücher sind in Yuka-

tekisch geschrieben. Die Papierherstellung war nicht nur den Maya, sondern auch den Mixteken im Südwesten Mexikos und den Azteken im Tal von Mexiko vertraut. Faltbücher sind ebenfalls im mixtekischen und aztekischen Kulturkreis entstanden.

Zu einer Zeit, als die Kenntnis der einheimischen Papierherstellung in Amerika allmählich in Vergessenheit geriet, blühten die Papierindustrie und der Buchdruck in Europa auf. Der Beschreibstoff Papier ist bis heute unverzichtbar, und er hat auch der Konkurrenz der digitalen Informationsverarbeitung Paroli geboten. Als Ende der 1970er Jahre der erste Schreibcomputer auf den Markt kam, glaubten viele, die Tage des konventionellen Buchdrucks und des Papiers seien gezählt. In der Tat wurde die Bleisatztechnik im Buchdruck schon vorher durch die Lichtsatztechnik zurückgedrängt und schließlich im Zeitalter der digitalen Schreibtechnik ganz aufgegeben. Durch all die Jahre einer explosiven Entwicklung der Informationstechnologie hindurch hat aber das Papier nicht an Popularität verloren. Im Gegenteil, es hat – parallel zur Entwicklung der Softwareprogramme für die Informationsverarbeitung – eine rasante Entwicklung der Drucktechnik stattgefunden. Selbst Tischdrucker produzieren schon seit Jahren qualitativ hochwertige, vielfarbige Texte, die auch als Druckvorlagen für die Buchherstellung dienen.

Auch im digitalen Zeitalter sind wir eingebunden in «Gutenbergs Galaxie», von der der kanadische Zukunftsforscher Marshall McLuhan in den 1950er Jahren annahm, sie habe sich überlebt. Zu keiner Zeit in der Geschichte des Papiers als Beschreibstoff sind so viele Zeitungen, Zeitschriften, Broschüren und Bücher gedruckt worden wie heutzutage. Weder E-mail noch Internet haben die Flut an Werbeprospekten oder die Massen an Arbeitspapieren, die in Firmenbüros und Ämtern tagtäglich kursieren, eingedämmt. Zwar werden heutzutage Daten weitgehend digital archiviert, für die Bearbeitungsphasen aber werden Daten und Texte weiterhin ausgedruckt und als Papierversion verfügbar gemacht. Die Bedeutung des Papiers hat sich also keineswegs verringert, lediglich seine Funktionen stehen in einem Transformationsprozeß.

Der Schriftträger Papier hält nur eine bestimmte Zeit, nach etwa eineinhalb Jahrhunderten wird er brüchig. Trotzdem nimmt er es an Beständigkeit mit jedem modernen elektronischen Medium auf.

Digitale Schriftlichkeit

Wie so viele andere Innovationen in der Kulturgeschichte der Menschheit hat sich auch die Digitaltechnik nicht als Zerstörer älterer Technologien der Informationsspeicherung erwiesen, sondern deren Spektrum erweitert und Alternativen bereitgestellt.

Auch der rasante Aufstieg der neuesten Buchtechnologie, des elektronischen Buches, wird nicht zum Aussterben des traditionellen Papierbuchs führen. Das elektronische Buch – ein Plastikdeckel mit eingebautem Bildschirm und kleinformatigem Programmierungseinsatz – ist zwar extrem platzsparend und leichtgewichtig. Dennoch ist kaum anzunehmen, daß der Mensch seine Gewohnheit, traditionelle Bücher in seiner Freizeit zu lesen, aufgeben wird. Bezeichnenderweise sind bis heute die Absatzmärkte für beide Buchformen getrennt. Elektronische Bücher werden eher von Leuten gekauft, die ohnehin mit technischem Gerät zu tun haben und technische Innovationen testen. Wesentliche Einbußen für den traditionellen Buchmarkt wurden bereits prophezeiht, als die Produktion von CD-Roms anzuwachsen begann. Auch hier hat sich gezeigt, daß sich die Märkte nach einigen Schwankungen gegeneinander ausgependelt haben. Der große Umbruch hat nicht stattgefunden.

Zukunftsweisend ist sicherlich die enge Verknüpfung von Papierbuchversion und Digitaltechnik, wie sie sich besonders eindrucksvoll beim Papierbuch auf Bestellung zeigt. Papierbücher (*books on demand*) werden nicht mehr beim Grossisten gelagert, sondern für individuelle Kunden ausgedruckt und gebunden.

Paradoxerweise wird trotz der enormen Ausweitung digitaler Informationstechnologie die Beständigkeit der Datenspeicherung immer problematischer. Dateien auf Computerdisketten entleeren sich unter Umständen schon nach wenigen Monaten,

CD-Roms können nach wenigen Jahren nicht mehr gelesen werden, weil die Benutzerprogramme der Computer in atemberaubendem Tempo durch immer neue ersetzt werden. Informationen, die wir für die Wiederverwendung speichern wollen, müssen wir in regelmäßigen Intervallen von alten auf neue Speicher übertragen, Sicherheitskopien anfertigen und die Speicherkapazitäten ständig kontrollieren. Letztere sind wiederum von einer geregelten Energieversorgung abhängig; im Katastrophenfall bleiben uns vielleicht nur die Informationen auf traditionellen Schriftträgern.

Kalligraphie

Schreiben war zu keiner Zeit und in keiner Kultur reine Technik zur Fixierung von Informationen, es hat immer auch die visuelle Kreativität und den ästhetischen Sinn der Menschen herausgefordert. Es gibt Kulturen mit langer Tradition, wo sich Schreiben zu einer Kunstform entwickelt hat. In einer Welt wie der arabisch-islamischen mit ihrem Verbot, lebende Wesen direkt abzubilden, werden Schriftzeichen zum Instrument der bildenden Kunst und zum visuellen Material für die Produktion von Pseudobildern (Abb. 16). In China und Japan ist die Zeichenkunst seit Jahrhunderten geschätzt und hoch angesehen. Europäischen Beobachtern mag es merkwürdig anmuten, wenn ein chinesischer oder japanischer Kalligraph sein Können daran mißt, ob ihm nach Jahrzehnten des Trainings mit Tusche und Pinsel die Produktion eines ästhetisch perfekten Schriftzeichens als Kunstwerk gelingt. Für Ostasiaten ist die kalligraphische Ästhetik eine selbstverständliche Komponente ihrer traditionsreichen Schriftkultur und ihres kulturellen Gedächtnisses.

Über Ästhetik läßt sich genauso wenig streiten wie über Geschmack, denn beide sind an spezifische Kulturmodelle gebunden. Insofern ist es müßig, universelle Maßstäbe zur Bewertung schriftästhetischer und kalligraphischer Zeugnisse der Kulturgeschichte anlegen zu wollen. Es gab Zeiten, da war die Ästhetik der Europäer so von klassisch-antiken Vorbildern saturiert, daß außereuropäische oder vorgriechische Kunst ästhetisch nicht

Abb. 16. Arabische Kalligraphie in Gestalt eines Storchs,
komponiert aus den Buchstaben zur Schreibung des ersten Wortes
im Koran, bismallah «Im Namen Gottes, des Erbarmers,
des Barmherzigen» (Haarmann 1998)

wahrgenommen oder pejorativ abgewertet wurde. Die Bildmotive der aztekischen Faltbücher wurden zu Stereotypen des
Häßlichen degradiert, die beeindruckende Abstraktheit der ky-
kladischen Idole wurde als Unvermögen mißverstanden, konkret-
abbildende Kunstwerke zu schaffen, und in den voluptuösen
Figuren nackter Göttinnen und Tänzerinnen in den Wandreliefs
hinduistischer Tempel Indiens glaubten Vertreter der britischen
Kolonialmacht eine Perversion des ästhetischen Sinns und eine
Dekadenz moralischer Normen zu erkennen.

Losgelöst von vorgegebenen Wertvorstellungen ist die Vielfalt
an kreativen Impulsen, die in den schriftästhetisch-gestalteri-
schen Traditionen der Welt aufscheinen, beeindruckend. Die
kalligraphische Gestaltung von Schriftbildern beschränkt sich
nicht auf die Zeichenformen selbst – wozu die Differenzierung
verschiedener Schreibstile gehört –, sondern berührt auch die
räumlich-ästhetische Distribution von Textteilen sowie die Anordnung von Inschriften und Bildmotiven in Schmuckfriesen.

Dies gilt für die Verteilung von Hieroglyphen und Bildern in ägyptischen Grabreliefs oder auf Obelisken ebenso wie für beschriftete etruskische Votivgaben oder mit mythologischen Szenen und Namensgravuren versehene griechische Vasen. Vasenmalerei gab es in Griechenland schon lange vor der klassischen Periode (5. und 4. Jahrhundert v. Chr.), und die bemalten Vasen der mykenischen Ära sind ebenso beeindruckend. Viele Vasen sind auch beschriftet, und deutlich ist zu erkennen, daß die Schriftzeichen von Linear B, mit denen das Mykenisch-Griechische geschrieben wurde, in den Vaseninschriften kursive Gestalt annehmen. Es gibt einige ästhetisch ausgereifte Inschriften, deren Schriftduktus ganz klar als kalligraphisch bewertet werden kann. Besonders eindrucksvoll ist eine Inschrift auf einer Vase aus Theben, die ins 13. Jahrhundert v. Chr. datiert wird (Abb. 17). In Europa ist die Kalligraphie seit der mykenischen Ära immer wieder aufgeblüht, und es haben sich die verschiedensten kalligraphischen Traditionen entwickelt.

Dort, wo die vorchristliche Kunsttradition und die christliche Ästhetik eine Symbiose eingegangen sind, haben sich lokal-spezifische Formen der Kalligraphie entfaltet. Eigenwillig und in ihrer spezifischen Ästhetik unvergleichbar ist die Verbindung von Bildmotiven des keltischen Tierstils mit der schmuckhaften Ausgestaltung von Initialen in den irischen Handschriften des frühen Mittelalters oder die germanisch-christliche Tradition des Initialendekors in mittelalterlichen Handschriften Norditaliens und Deutschlands. Die Tradition der Initialenkalligraphie setzt sich bis in unsere Tage fort, und das moderne Schriftdesign profitiert bis heute von dem kulturhistorischen Potential heidnisch-christlicher Schmuckästhetik.

Abb. 17. Kalligraphische Inschrift in Linear B auf einer Vase aus Theben, 13. Jahrhundert v. Chr. (Haarmann 1995)

Die Geschichte der Schreibkunst zeigt, daß sich bestimmte Beschreibstoffe wie Pergament oder Papier besonders gut für kalligraphische Experimente zu eignen scheinen. Andererseits gibt es – wie die mykenische Vasenmalerei zeigt – gute Beispiele dafür, daß kalligraphische Textsequenzen und Bildkonfigurationen auch auf festere Materialien aufgetragen werden können. Die arabische Kalligraphie hat ihre Spuren in der europäischen Kulturgeschichte auf dauerhaftem Material hinterlassen, nämlich in Säulenkapitellen und Keramikfliesen in der Burganlage der Maurenherrscher von Granada. Kalligraphie gab es in Arabien schon lange vor der Verbreitung des Islam. Aus Südarabien sind Tausende von Inschriften in ästhetisch vollendeten Schreibstilen bekannt geworden, die in der Zeit vom 8. Jahrhundert v. Chr. bis in die ersten Jahrhunderte unserer Zeitrechnung entstanden sind. Die produktivste Schriftart war die sabäische. Einige Forscher vertreten die Ansicht, daß die sabäische Schrift die ästhetischste der arabischen Welt ist.

5. Der Siegeszug des Alphabets – Von der Sinai-Schrift zur Lateinschrift

Die Alphabetschrift ist in einem Kontaktareal mit regem Kulturaustausch entstanden, im Nahen Osten, wo die Einflüsse dreier wichtiger Schriftkulturkreise wirkten. Diese Region, die von Syrien im Norden bis in den Sinai im Süden reicht und auch Westjordanien einschließt, ist eine sehr alte Kulturlandschaft mit einer wichtigen Rolle als Achsenkreuz der in nord-südlicher und west-östlicher Richtung verlaufenden Routen des Fernhandels. Hier machte sich auch die Fernwirkung kultureller Trends aus allen Richtungen bemerkbar.

Im 2. Jahrtausend v. Chr. waren in dieser Kontaktzone etliche Schriftsysteme in aktivem Gebrauch, andere zumindest bekannt. Hierzu gehörten die logiko-syllabische Variante der babylonischen Keilschrift, die logiko-segmentalen Varianten der ägyptischen Schrift (Hieroglyphisch, Hieratisch), die syllabische Byblos-Schrift und die altägäischen syllabischen Schriftvarianten (logiko-syllabisches Linear A und Linear B, rein syllabisches Kypro-Minoisch, Levanto-Minoisch und Kyprisch-Syllabisch). Die erwähnten Schriftsysteme haben über ihre Schreibprinzipien oder über ihre Zeichenformen (oder beides) auf den Entstehungsprozeß der ältesten Alphabetschriften eingewirkt, während die zeitgenössische anatolische Hieroglyphenschrift, mit der das Luwische geschrieben wurde, keinen erkennbaren Anteil daran hatte.

Vom rein organisatorischen Standpunkt betrachtet, sind die wichtigsten Prinzipien, durch die sich die alphabetische Schreibweise von anderen Schreibprinzipien unterscheidet, in den älteren phonographischen Schreibweisen der Region angelegt. Die ägyptische Segmentalschrift kennt Einkonsonantenzeichen (s. Abb. 12), für deren Kategorisierung sich der etwas saloppe Ausdruck «ägyptisches Alphabet» eingebürgert hat. Die Einkonsonantenzeichen waren aber kein selbständiges System, sondern eingebunden in den Mechanismus der segmentalen Schreibweise, wozu außerdem die Zwei- und Mehrkonsonantenzeichen gehören.

Das Alphabet teilt verschiedene Organisationsprinzipien mit den historischen Schriften, die seine Entwicklung beeinflußt haben. Das Prinzip der Eins-zu-Eins-Entsprechung von Laut und Schriftzeichen, das für die Schreibung der Einkonsonantenzeichen gilt und zum entscheidenden Organisationsprinzip der Alphabetschrift wird, kommt bei den ägyptischen Einkonsonantenzeichen schriftgeschichtlich zum ersten Mal systematisch zur Anwendung. Allerdings ist das gleiche Prinzip auch von der Keilschrift bekannt, und zwar in der Verwendung bestimmter Zeichen zur Schreibung von Vokalen als Silbenträgern (ohne Konsonanten). Die kyprischen Schriftsysteme teilen mit dem Alphabet die Eigenschaft, daß sie auf rein phonographischer Schreibweise beruhen, also ohne die für andere zeitgenössische Schriften typische logographische Komponente (Verwendung von Determinativzeichen und Logogrammen).

Die ältesten lokalen Varianten einer Alphabetschrift im Nahen Osten

In der Kulturlandschaft zwischen Syrien und dem Sinai waren die importierten Schriftsysteme nicht nur bekannt, sondern sie wurden auch lokal modifiziert. Dies geschah mit der Keilschrift, die im 15. Jahrhundert v. Chr. umfunktioniert wurde, indem die Zeichen im Sinn des alphabetischen Prinzips einzelne Buchstaben bezeichneten. Diese besondere, umfunktionierte Keilschrift wurde in der Hafenstadt Ugarit an der syrischen Küste verwendet, und man spricht vom «ugaritischen Alphabet» (Abb. 18). Die Texte in Ugaritisch, dieser alten nordwestsemitischen Sprache, sind sowohl in der Keilschrift mit ihren traditionellen Silbenzeichen als auch in der lokalen Alphabetschrift geschrieben worden. Die Zeichen des ugaritischen Alphabets sehen äußerlich aus wie die der Keilschrift, sie haben aber Buchstabenwert.

In der kulturellen Kontaktzone des Nahen Ostens rivalisierten nicht nur die traditionellen Schriftsysteme mit den Varianten des Alphabets, sondern es entstanden auch neue lokale Systeme, die auf der traditionellen silbischen Schreibweise basierten. Die Byblos-Schrift ist hierfür ein illustratives Beispiel. Diese Silbenschrift ist von besonderem Interesse, und zwar einerseits deshalb, weil in ihrem Zeichenrepertoire Anlehnungen an die altägäischen Syllabare wie auch an die Zeichen der lokalen Alphabete zu erkennen sind, andererseits deshalb, weil sie das älteste Schriftsystem war, mit dem das Phönizische geschrieben wurde. Bei den Europäern ist das Phönizische aber wegen eines anderen Schriftsystems bekannt: Vom phönizischen Alphabet, das gegen Ende des 2. Jahrtausends v. Chr. die byblische Silbenschrift verdrängte, ist die griechische Schrift abgeleitet.

Die Anfänge des Alphabets sind trotz intensiver Forschung bis heute mystisch verklärt. Die Quellen der Impulse, die zur praktischen Anwendung des alphabetischen Schreibprinzips führten, sind weder geographisch noch personell auszumachen. Alphabetische Systeme entstanden im Nahen Osten zu unterschiedlichen Zeiten an unterschiedlichen Orten. Die Anfänge der Sinai-Schrift liegen um 1700 v. Chr., das Alphabet von Ugarit entstand

'a	⊷	k	⊳
'i	𒂍	l	𝍬
'u	𒐀	m	⊶
b	𒌗	n	⊶⊷
g	𒁹	s	𒌋
d	𒐀	ṣ̌	𒊊
ḏ	⟨𒑊	'	◁
h	𒂍	ġ	⊶
w	⊷	p	𒑊
z	𒌋	ṣ	𝍬
ḥ	⊶	q	⊶
ḫ	𒌋	r	⊳
ṭ	⊶	š	⟨𒑊
ẓ̣	⊷	t	⊷
y	𒐕	ṯ	𒀹

Abb. 18. Das ugaritische Keilschriftalphabet (Healey 1990)

im 15. Jahrhundert v. Chr., das phönizische Alphabet wird zuerst im 11. Jahrhundert v. Chr. verwendet. Das Zeichenrepertoire und die Verteilung der Buchstabenwerte sind in den regionalen Systemen so unterschiedlich, daß es unmöglich ist, ein hypothetisches *ursemitisches Alphabet, gleichsam ein Uralphabet als Prototyp, zu rekonstruieren. Auch die Gelehrten, Autoren und Schreiber, die als erste mit dem alphabetischen Schreibprinzip experimentierten und die Entwicklung entscheidend lenkten, sind gänzlich unbekannt.

Es hat nicht an Spekulationen gefehlt, die Entstehung des Alphabets mit renommierten Persönlichkeiten der Kulturgeschichte in Verbindung zu bringen. Der mutigste Vorstoß in diese Richtung ist die Behauptung, kein geringerer als der biblische Mose habe die Sinai-Schrift geschaffen und damit die Alphabettradition ins Leben gerufen. Diese These ist aus verschiedenen Gründen unhaltbar. Erstens stammen die ältesten Zeugnisse alphabetischer Inschriften aus der Zeit um 1700 v. Chr. und sind somit Hunderte von Jahren älter als die Periode, nämlich das 13. Jahrhundert v. Chr., in der Mose gelebt haben soll. Zum anderen findet sich in der Bibel keinerlei Hinweis auf Mose als Kulturheros, der eine Schrift schuf, und eine Schrift-schöpfung wäre sicher als besondere Kulturleistung im Alten Testament hervorgehoben worden.

Sicher ist allerdings, daß die Personen, die mit dem alphabeti-schen Prinzip experimentierten, mit dem ägyptischen Schriftsy-stem vertraut waren. Das akrophonische Prinzip, wonach die Buchstaben gleichsam als Kürzel für den Anfangslaut ganzer Wörter stehen, ist nur in der ägyptischen Schrift bekannt, nicht aber in der Keilschrift oder im ägäischen Schriftenkreis. Die älte-sten Schriftfunde außerhalb Ägyptens, in denen sich das akro-phonische und das Einkonsonanten-Prinzip nach ägyptischem Vorbild nachweisen lassen, stammen aus dem Sinai. Die frühe-sten dieser sogenannten proto-sinaitischen Inschriften, die man auf steinernen Säulen und Tongefäßen auf dem Gelände eines antiken Türkisbergwerks bei Serabit al-Khadim gefunden hat, werden in die Zeit um 1700 v. Chr. datiert (Abb. 19). Das Zei-chenrepertoire dieser Inschriften besteht aus 23 Einzelzeichen, und die Sprachform ist ein altes Westsemitisch. Etliche Zeichen der proto-sinaitischen Schrift weisen deutliche Parallelen zum ägyptischen Zeichenschatz auf, so daß man zu Recht annehmen kann, daß sich die sinaitischen von den ägyptischen Zeichen ab-leiten. Andere Zeichen wiederum stammen offensichtlich aus anderer Quelle.

Inschriftenfragmente mit ähnlichem Schriftduktus wurden auch in Palästina gefunden, und zwar in Sichem, Gezer und La-chisch. Auch deren Sprache ist eine Variante des alten Westsemi-tischen, das Proto-Kanaanäische. Der Umstand, daß die frühen alphabetischen Schriften außerhalb der großen damaligen Kul-

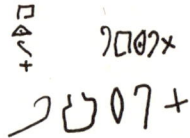

Abb. 19. Inschriften in proto-sinaitischer Schrift aus Serabit al-Khadim, um 1700 v. Chr. (Healey 1990)

turzentren entstanden und daß mit ihnen anfangs kulturell unbedeutende Sprachvarianten geschrieben wurden, deutet auf
eine Zeit hin, in der keine der traditionellen Kultursprachen mit
ihren Schriftsystemen noch genug Ausstrahlungskraft besaß, um
den Initialprozeß der lokalen Schriftlichkeit im Sinai und in Palästina entscheidend zu überformen.

Bereits in den ältesten Inschriften des Sinai tritt deutlich das
alphabetische Prinzip in Erscheinung. Die Schriftzeichen bezeichnen jeweils Einzellaute, mit der Einschränkung allerdings,
daß nur Konsonanten, aber keine Vokale geschrieben werden. Im
Vergleich zu den ägyptischen Hieroglyphen und der Keilschrift
ist die Schreibweise nach alphabetischem Prinzip deutlich vereinfacht, denn es gibt nur noch eine begrenzte Zahl von phonographischen Zeichen, keine Logogramme mehr. Der Zeichenbestand reduzierte sich schlagartig auf wenige Dutzend, während
die ägyptische Schrift mit Hunderten von Logogrammen und
zahlreichen phonographischen Zeichen (Einkonsonanten-,
Zweikonsonanten-, Dreikonsonantenzeichen) operierte. Die alphabetische Schreibweise war vom schriftökonomischen Standpunkt aus betrachtet vielversprechend.

Einige der Zeichen im Repertoire der Sinai-Schrift lassen ein
bestimmtes Organisationsprinzip erkennen, das sogenannte
akrophonische Prinzip. Hier ist jeweils das Abbild eines konkreten Objekts durch Stilisierung vereinfacht worden zur späteren
Buchstabenform, wobei dieses Zeichen den ersten Konsonanten
des Wortes symbolisiert, das im Semitischen als Bezeichnung des
Objektes dient. Bei der Zeichenselektion nach dem akrophoni-
schen Prinzip verliert das Buchstabenzeichen seinen ursprünglichen figurativen Sinngehalt. Die Reduktion auf den Lautwert ist
gleichbedeutend mit einem Prozeß semantischer Entmotivierung.

Andere Zeichen allerdings können nicht nach dem akropho-
nischen Prinzip erklärt werden. Sehr wahrscheinlich stützte sich
die Selektion der Zeichen auch willkürlich auf bestimmte Symbole, die regional bekannt waren und die als graphisches Material den praktischen Zwecken einer einfachen Buchstabenschrift
dienlich sein konnten. Insbesondere Symbole mit linearem
Charakter eigneten sich dafür. Die Schriftinnovatoren verwen-

deten das Potential linearer Zeichen, die in ihrer kulturellen Um-
gebung bekannt waren, wie einen Steinbruch, dem sie visuelle
Strukturelemente zum Aufbau der neuen Technologie der Alphabetschrift entnahmen. Die Wirkung dieses «Steinbruchprin-
zips» zeigt sich im Buchstabenbestand der ältesten Alphabete,
die Parallelen zu den Zeichen der Byblos-Schrift und zu denen
der altägäischen Schriften aufweisen (Abb. 20).

Es ist davon auszugehen, daß bei dieser Selektion der Zeichen
nicht unbedingt die Lautbezeichnung eines Zeichens als Bestandteil eines älteren Schriftsystems entscheidend war, sondern
distinktive Merkmale seiner graphischen Form, wodurch es sich
in einen deutlichen Kontrast zu anderen Zeichen setzte. Auf
diese Weise gelangten wahrscheinlich auch solche Zeichen in das
Repertoire der Buchstaben, die sich nicht mit semitischen Aus-
drücken assoziieren ließen. Daher gab es für solche Zeichen
auch keinen semitischen Namen, etwa für die semitischen Buchstaben *he, het, tet* und *çade*. Es ist auch damit zu rechnen, daß
bestimmte lineare Zeichenformen durch sekundäre Ausdeutung
mit semitischen Wörtern in Verbindung gebracht wurden, was
dann ihre phonetische Festlegung nach dem Prinzip der Akro-
phonie bedingte.

Der hier geschilderte Prozeß der Ausbeutung älterer Zeichenrepertoires für ein neu zu konstituierendes System findet seine
Parallele in der Schriftschöpfung anderer Regionen. In Nubien
beispielsweise wurden Zeichen der ägyptischen Hieroglyphen
und der demotischen Schrift wie ein Steinbruch ausgebeutet, um
ein neues Schriftsystem zur Schreibung des Meroitischen zu
schaffen. Die koptische Schrift setzt sich aus griechischen und
demotischen Zeichen zusammen, in der kyrillischen Schrift, mit
der süd- und ostslawische Sprachen geschrieben werden, sind
griechische Zeichen mit einigen hebräischen Zeichen sowie mit
gnostisch-griechischen magischen Symbolen kombiniert.

Die Funktionen des Alphabetgebrauchs waren schon im
Frühstadium sozial verzweigt. Die ältesten proto-sinaitischen
Inschriften finden sich auf Kultobjekten (z. B. auf einer Sphinx
aus Sandstein). Von besonderer Bedeutung ist die schriftliche Fixierung der Namen von Gottheiten und ihrer Attribute. Der

Alt-europäische Schrift	Linear A	Byblos-Schrift	Alt-phönizische Schrift	Lautwert im Phönizischen	Rekon-struierter Name	Vermutete Namens-quelle
			𐤀	ʔ	ʔālep	ʔelep	‹Ochse›
	𐤁		𐤁	b	bēt	bajit	‹Haus›
7	1		𐤂	g	gīmel	gāmāl	‹Kamel›
			𐤃	d	dālet	delet	‹Tür›
ן ⱻ	Ɇ		𐤄	h	hē	?	
Y	Y	Y	𐤅	w	wāw	wāw	‹Haken›
			𐤆	z	zajin	zajin	‹Waffe›
目	目		𐤇	h	hēt	?	
⊕	⊕		⊕	ṭ	ṭēt	?	
	ʑ	ʑ	𐤉	j	jōd	jād	‹Hand›
			𐤊	k	kāp	kap	‹Handfläche›
	𐤋	𐤋	𐤋	l	lāmed	lāmad	‹Ochsenstachel›
			𐤌	m	mēm	majim	‹Wasser›
			𐤍	n	nūn	ʔnūn	‹Fisch›
‡	𐤎		𐤎	s	sāmek	ʔsāmak	‹Stützorgan›
		O	𐤏	ʕ	ʕajin	ʕajin	‹Auge›
			𐤐	p	pē	pe	‹Mund›
/٨/٧			𐤑	ç	çādē	?	
⊖	٩		𐤒	q	qōp	qōp	‹Affe›
		𐤓	𐤓	r	rēš	rōś	‹Kopf›
W	Ƹ	W	W	ś, š	šīn	śēn	‹Zahn›
✝		✝	✝	t	tāw	tāw	‹Zeichen›

Abb. 20. Parallelen zwischen altägäischen, byblischen und altphönizischen Schriftzeichen (Haarmann 1994)

Sinngehalt der längeren Inschriften aus dem Sinai bleibt trotz wörtlicher Entzifferung meist dunkel. Religiöse Bezüge scheinen aber vorzuherrschen. Dies gilt auch für die Inhalte der proto-kanaanäischen Inschriften aus Palästina. Das Schrifttum im ugaritischen Keilschriftalphabet, das in einer älteren Variante mit einem größeren Zeichenbestand und in einer jüngeren Variante mit weniger Zeichen bekannt ist, umfaßt mythische Literatur, Formeln ritueller Sprache und administrative Dokumente.

Vom ugaritischen Keilschriftalphabet sind auch zwei Abecedarien überliefert, die die Buchstabenzeichen in einer jeweils anderen Anordnung wiedergeben. In dem Abecedarium aus Ugarit mit seinen 27 Hauptzeichen findet man die alte semitische Ordnung der Konsonanten, wie sie später auch im phönizischen und hebräischen Alphabet auftritt (d. h. *Aleph, b, g, d ...*). Dagegen ist die Reihenfolge der Zeichen im Abecedarium von Bet Shemesh (mit 29 Hauptzeichen) die gleiche wie in den südarabischen Alphabeten (d. h. *h, l, ḥ, m ...*). Das ugaritische Alphabet bietet das älteste bisher bekannte vollständige Zeicheninventar dieses Schrifttyps. Allerdings sind alphabetische Schreibweisen selbst älter, wie die Inschriften aus dem Sinai beweisen. Die Namen der Buchstaben im Alphabet aus Ugarit sind nicht überliefert.

Die Buchstabenordnung im Abecedarium von Bet Shemesh beweist, daß der südarabische Zweig der Alphabetschriften ebenso alt ist wie die ugaritisch-palästinische Affiliation. Der Schriftduktus in Texten des 8. und 7. Jahrhunderts v. Chr., die aus Babylon und Eilat am Golf von Akaba stammen, weist auf historisch-typologische Zusammenhänge zwischen den protokanaanäischen und den alten südarabischen Schriftvarianten hin. Von den südarabischen Schriftkulturen sind die sabäische und die äthiopische die wichtigsten Vertreter.

Die Schriftrichtung ist in den ältesten Dokumenten noch nicht festgelegt. In den Sinai-Inschriften findet man sowohl links- als auch rechtsläufige Schreibweisen, außerdem wurde vertikal von oben nach unten geschrieben. Texte aus Ugarit sind meistens rechtsläufig (wie die klassischen griechischen Texte), einige auch linksläufig. In den ältesten südarabischen Texten aus der Zeit vor 500 v. Chr. findet sich eine Schreibweise, die aus der archaischen griechischen Schrifttradition als Boustrophedon (nach der Art eines Ochsen, der ein Feld pflügt) bekannt ist. Die Schriftrichtung wechselt mit den Zeilen, wobei die erste Zeile sowohl von links nach rechts als auch von rechts nach links starten kann, die zweite dann jeweils in umgekehrter Richtung. Die Konvention der linksläufigen Schriftrichtung für das Semitische wurde erst gegen Ende des 2. Jahrtausends v. Chr. mit der Ausbildung des klassischen phönizischen Alphabets festgelegt.

Das phönizische Alphabet

Das Phönizische, eine der bedeutendsten semitischen Kultursprachen des Altertums, ist im Frühstadium seiner Schriftlichkeit in drei verschiedenen Schriftsystemen geschrieben worden: in der byblischen Silbenschrift (Byblos-Schrift), im ugaritischen Keilschriftalphabet (Text aus Sarepta im Libanon) und in der 22 Buchstabenzeichen umfassenden Variante des Alphabets, das als «phönizisch» weltbekannt und – wie die byblische Schrift – in seiner klassischen Form in der Hafenstadt Byblos ausgebildet wurde. Diese Region spielte also für die Konsolidierung und Verbreitung der Alphabetschrift eine entscheidende Rolle. Von den drei Schriftsystemen ist nach der Zerstörung Ugarits durch die sogenannten «Seevölker» (um 1200 v. Chr.) die phönizische Alphabetversion die wichtigste Schriftart der Küstenregion.

Der frühe Entwicklungsprozeß der phönizischen Schrift läßt sich zwar seit Mitte des 2. Jahrtausends v. Chr. verfolgen, es sind aus der Anfangszeit aber nur wenige Inschriften erhalten geblieben. In ihrem klassischen Duktus tritt die Schrift bereits um 1050 v. Chr. in Erscheinung, und zwar in der Inschrift auf dem Sarkophag des Königs Ahiram aus Byblos. Der Entwicklungsstand der phönizischen Schrift um die Wende vom 2. zum 1. Jahrtausend v. Chr. markiert die Ausgangsbasis für zahlreiche Schriftadaptionen außerhalb des phönizischen Siedlungsgebiets, im Nahen Osten und im Mittelmeerraum. Die phönizische Schrift hat interne Wandlungen erlebt und ihren Duktus variiert. Zu den zahlreichen regionalen Varianten der phönizischen

Schrift gehört auch die von Karthago. Das Karthagische steht als jüngere Sprachform zum älteren Phönizisch in einem ähnlichen Verhältnis wie die jüngere karthagische Variante der phönizischen Schrift zu deren älterer Basis im Nahen Osten. Spätere Entwicklungen der phönizischen Schrift schließen auch kursive Varianten ein.

Phönizische Schriftzeugnisse sind an vielen Orten gefunden worden, von Anatolien im Norden bis Sardinien im Westen, von Mesopotamien im Osten bis Palästina im Süden. Auch aus Zypern und Kreta sind phönizische Inschriften überliefert. Das westliche Mittelmeer stand seit Mitte des 1. Jahrtausends v. Chr. unter der politischen Kontrolle der karthagischen Seemacht. Die karthagische Variante der phönizischen Schrift findet sich in Inschriften aus Nordafrika, Südspanien, Südfrankreich, von den Balearen, Sizilien und Malta. Allein die weite geographische Verbreitung der Schriftfunde ist ein beredtes Zeugnis für das ausgedehnte Netz interkultureller Kontakte, das die Phönizier und Karthager aufgebaut hatten.

Die Annahme der phönizischen Schrift durch die Völker in den Mittelmeerländern erfolgte auf freiwilliger Basis und war allein motiviert durch das Prestige dieser neuen Technologie. Insofern ist das frühe Stadium der alphabetischen Schriftadaption im Mittelmeerraum ein anschauliches Beispiel für einen Kulturtransfer ohne machtpolitische Implikationen. Die damaligen interkulturellen Kontakte der Phönizier und ihr Schriftexport unterscheiden sich deutlich von den späteren Trends der Verbreitung des lateinischen Alphabets in den Provinzen des römischen Reiches oder von dem Zwangsexport der Lateinschrift im Rahmen der kolonialistischen Expansionspolitik der Europäer in Afrika, Amerika und Asien seit dem 16. Jahrhundert.

Die europäischen Affiliationen der phönizischen Schrift

Die Handelskontakte der Phönizier im östlichen Mittelmeer waren nicht nur wegen der geographischen Nähe Zyperns, Kretas und der ägäischen Inselwelt besonders intensiv, sondern auch deshalb, weil die phönizischen Kaufleute die von den Minoern erschlossenen und von den Mykenern frequentierten Schiffsrouten befuhren und sich nach dem Untergang von deren Seemacht das Handelsmonopol in der Region sicherten. Bereits im ausgehenden 2. Jahrtausend v. Chr. bestanden rege Kontakte mit Zypern und Kreta. Die Kenntnis der phönizischen Schrift auf Kreta geht mindestens auf das ausgehende 10. Jahrhundert v. Chr. zurück. In diese Zeit wird die älteste phönizische Inschrift der Insel datiert. Schriftfunde aus jüngster Zeit machen die Annahme wahrscheinlich, daß im Kulturmilieu Kretas die älteste Adaption der phönizischen Schrift in Europa stattfand.

Traditionellerweise wird die Übernahme der phönizischen Schrift im ägäischen Raum als typisch griechische Kulturinnovation verstanden. Das Bild der damaligen interkulturellen Kontakte im östlichen Mittelmeer ist jedoch komplexer. Man muß sich fragen, wozu denn die Handel treibenden Griechen die Schrift brauchten, wo doch der Warenaustausch jahrhundertelang ohne nennenswerten Schriftgebrauch funktioniert hatte. Zudem sind die ältesten erhaltenen, in alphabetischer Schreibweise aufgezeichneten Dokumente in griechischer Sprache eben nicht Kaufverträge, Inventarlisten oder sonstige Wirtschaftstexte, sondern Grab- und Weihinschriften und episch-poetische Fragmente. Aus den wirtschaftlichen Bedingungen der damaligen Handelskontakte erklärt sich die frühe Schriftadaption an die lautlichen Gegebenheiten des Griechischen nicht.

Einen den Schriftgebrauch fördernden Kulturtrend gab es allerdings auf Kreta. Entgegen älteren Auffassungen, wonach die dorische Eroberung der Insel im 11. Jahrhundert v. Chr. die völlige Vernichtung der minoisch-mykenischen Mischkultur zur Folge gehabt hätte, deuten neuere archäologische Funde eher darauf hin, daß sich auf Kreta eine griechisch-minoische kulturelle Symbiose entfaltete, deren Träger die Eteokreter (späte Nachkommen der Minoer), mykenische Griechen und dorische Einwanderer waren. Die Erinnerung an die Periode der voralphabetischen Schriftlichkeit (in Linear A und B) war auf Kreta noch lebendig, und von den Griechen auf Zypern war bekannt, daß sie ihre Sprache in einem der zyprischen Syllabare aufzeichneten. Was man traditionellerweise vom «dunklen Zeitalter» Griechenlands nach dem Verfall der mykenischen Zivilisation berichtet, ist eine Stereotype, die nicht auf die Verhältnisse Kretas zutrifft und ebensowenig auf das griechische Kulturmilieu Zyperns. Die Erneuerung der Schriftlichkeit auf der Basis der damals verfügbaren modernsten Technologie, des phönizischen Alphabets, war in einem multikulturellen Milieu wie dem Kretas durchaus zu erwarten.

An der Ausarbeitung der ältesten Alphabetversion auf Kreta, die für das 10., spätestens 9. Jahrhundert v. Chr. angesetzt werden kann, waren mit Sicherheit Eteokreter und Griechen beteiligt, denn zu den ältesten Inschriften in der neuen Schrift gehören solche in Eteokretisch, also in einer nichtgriechischen Sprache. Das Verdienst, das erste vollständige Alphabet (mit Buchstaben zur Bezeichnung sowohl von Konsonanten als auch von Vokalen) geschaffen zu haben, gebührt den Vertretern jenes kulturellen Kontaktmilieus auf Kreta, keineswegs ausschließlich den Griechen, die diesen Ruhm später einseitig für sich in Anspruch genommen haben.

Wahrscheinlich wurde auch auf anderen Inseln der Ägäis mit der neuen phönizischen Schrifttechnologie experimentiert. Der entscheidende Durchbruch dürfte aber auf Kreta erzielt worden sein. Hier jedenfalls sind die ältesten Zeugnisse einer vollständigen Alphabetschrift, in der auch die Vokale bezeichnet werden, gefunden worden. Außerdem ist hier eine archaische Schreibweise des phönizischen *Jodh* überliefert, die sich nirgendwo sonst in der griechischen Welt findet. Die Erweiterung des phönizischen Konsonantenalphabets auf die Schreibung auch der vokalischen Laute bedeutete eine weitere Spezialisierung der Schrifttechnologie. Diese Spezialisierung war gleichsam eine Alternativlösung für einige der Probleme im Zusammenhang mit der Anpassung einer Schrift an die lautlichen Strukturen von Sprachen, die ganz anders als die des Phönizischen waren (Abb. 21).

Die Positionen im Alphabet, die für bestimmte dem Phönizischen eigene, dem Eteokretischen und Griechischen dagegen fremde Laute reserviert waren, wurden mit Vokalen besetzt. Auf diese Weise wurden bestimmte Konsonanten und Halbkonsonanten mit den griechischen Vokalen assoziiert, und zwar *Aleph* mit *Alpha*, *He* mit *Epsilon*, *Heta* mit *Eta*, *Jodh* mit *Iota*, *Ajin* mit *Omikron*. Zu den Innovationen des eteokretisch-griechischen Alphabets gehörten auch die Zusatzzeichen Phi, Khi und Psi, für die es Vorbilder weder in der phönizischen Schrift noch in irgendeiner anderen Schriftvariante des Nahen Ostens gibt. Diese Zeichen wurden nach dem Steinbruchprinzip aus dem Inventar der alten kretischen Linearsysteme selektiert und in das Repertoire der Buchstaben übernommen.

Die' im multikulturellen Milieu Kretas initiierte Alphabetschrift ist als innovative Technologie zur Schreibung des Griechischen weltbekannt. Die alphabetische Schrifttradition des Eteokretischen, die zusammen mit der des Griechischen einsetzt, blieb dagegen räumlich auf Kreta begrenzt und zeitlich auf wenige Jahrhunderte beschränkt. Die letzten Zeugnisse des Eteokretischen stammen aus dem 3. Jahrhundert v. Chr., und zwar aus Ostkreta. Bald danach starb diese Sprache aus.

Das auf Kreta perfektionierte vollständige Alphabet entpuppt sich in seiner Assoziation mit der griechischen Sprache als kultureller Exportschlager im Mittelmeerraum und darüber hinaus. Die ersten Nichtgriechen, die sich der neuen Schreibtechnologie bedienen, sind die Etrusker, die ihre Schriftversion wahrscheinlich über ihre regen Kontakte zum Handelszentrum Chalkis auf Euböa adaptieren. Gegen Ende des 7. Jahrhunderts v. Chr. gelangt die Schriftlichkeit über etruskische Vermittlung zu den Latinern. Dieses unbedeutende italische Volk lernt die Alphabetschrift im bikulturellen Milieu der damaligen Provinzstadt Rom kennen. Jahrhunderte später tragen die Nachkommen jener Latiner, die Römer, ihre kulturellen Errungenschaften in alle Welt, auch ihre Schrift.

Daran, daß sie diese Technologie von ihren Nachbarn, den Etruskern, übernommen hatten, mochten sich die stolzen Römer in der Großmachtära nicht mehr erinnern. Wer erinnert sich schon gern an seine Lehrmeister, wenn er sie selbst übertreffen will? Tatsache aber ist, daß die Schriftlichkeit bei den Römern in der Anfangszeit im Schatten der Kulturleistungen ihrer etruski-

ALT-PHÖNIKISCH			ARCHAISCH 7.Jh.		ÖSTLICH 8.Jh. / 6.Jh.			WESTLICH 5.Jh.		KLASSISCH			Moderner Druck	Name der Buchstaben	
Zeichen	Laut-wert	Zahl-wert	Thera	Laut-wert	Athen vor 403	Milet. Alphabet	Laut-wert	Lakon. Alphabet	Laut-wert	Zeichen	Laut-wert	Zahl-wert		in lateinischer Schrift	in griechischer Schrift
𐤀	'	1	ΑΔ	a	ΑΑ	ΑΑ	a	ΔΑ	a	Α	a	1	A	alpha	ἄλφα
𐤁	b	2	⌐RϞ	b	ΒΒ		b	ΒΒ	b	Β	b	2	B	beta	βῆτα
𐤂	g	3	ΊΓ	g	ΛΛ	Γ	g	Λ	g	Γ	g	3	Γ	gamma	γάμμα
𐤃	d	4	Δ	d	ΔD	Δ	d	ΔD	d	Δ	d	4	Δ	delta	δέλτα
𐤄	h	5	ϜΕ	e	ΕΕ	ΕΕ	e	ϜΕ	e	Ε	ẹ	5	Ε	epsilon	ἔψιλον
𐤅	w	6						Ϝ	v	Ϝ	v	6		(digamma)	
𐤆	z	7	Ι	z	Ι	Ι	z	Ι	z	Ι	z	7	Ζ	zēta	ζῆτα
𐤇	ḥ	8	ΗΒ	h, ē	Η	ΗΒ ·h(ē)	h	Β	h	Η	ē	8	Η	ēta	ἦτα
𐤈	ṭ	9	⊕⊙	th	⊕⊗	⊗	th	⊗⊕	th	⊙	th	9	Θ	thēta	θῆτα
𐤉	j	10	ᔓ	i	ξ	Ι	i	Ι	i	Ι	i	10	Ι	iōta	ἰῶτα
𐤊	k	20	ΚΚϜ	k	Κ	ΚϜ	k	Κ	k	Κ	k	20	Κ	kappa	κάππα
𐤋	l	30	ΙΛ	l	ΙΛ	ΛΛ	l	Λ	l	Λ	l	30	Λ	lambda	λάμβδα
𐤌	m	40	ΓΜ	m	Μ	Μ	m	Μ	m	Μ	m	40	Μ	mü	μῦ

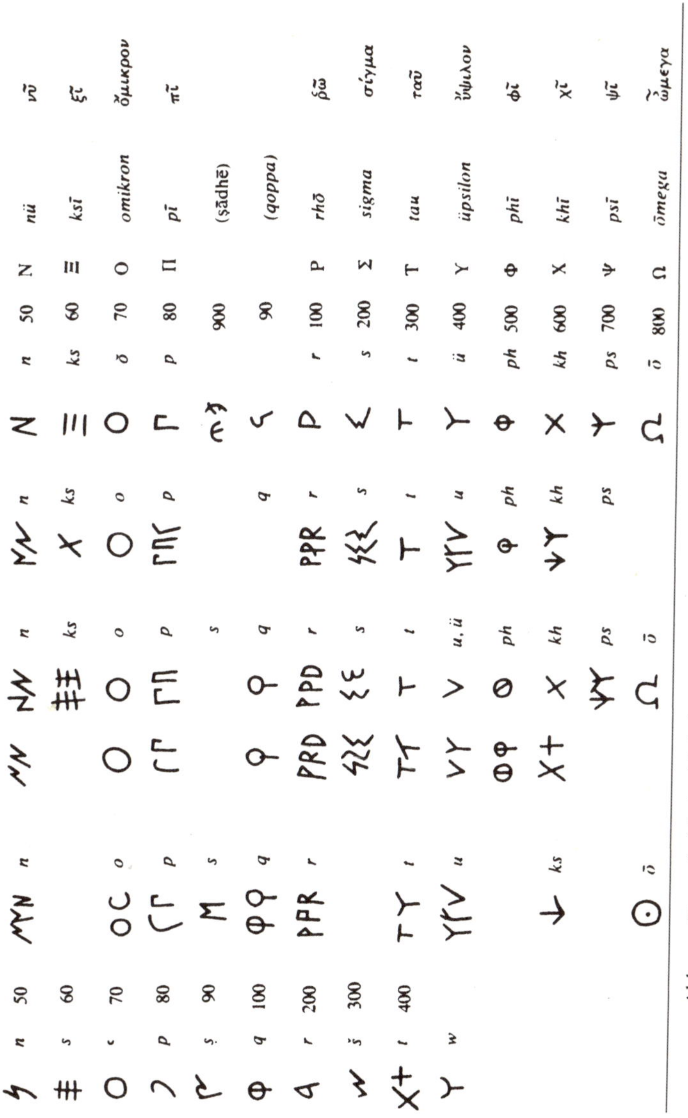

(accent)	Name	Buchstabe	Wert	Transl.
ν̄	nü	Ν	50	n
ξξ	ksi	Ξ	60	ks
ὄμικρον	omikron	Ο	70	o
πῖ	pi	Π	80	p
	(ṣādhē)		900	ṣ
	(qoppa)		90	q
ῥῶ	rhō	Ρ	100	r
σίγμα	sigma	Σ	200	s
ταῦ	tau	Τ	300	t
ὔψιλον	üpsilon	Υ	400	ü
φῖ	phi	Φ	500	ph
χῖ	khi	Χ	600	kh
ψῖ	psi	Ψ	700	ps
ὦμεγα	ōmega	Ω	800	ō

Abb. 21. Das griechische Alphabet in seiner Beziehung zur phönizischen Schrift (Haarmann 1992)

schen Lehrmeister stand. Die Etrusker werden wegen ihrer Ge-
lehrtheit und ihres hohen Bildungsniveaus von modernen Archäologen das «Volk der Bücher» genannt. Aus der Zeit vor dem
3. Jahrhundert v. Chr. sind nur neun lateinische Inschriften, dagegen Tausende von etruskischen Schriftzeugnissen überliefert.

Über die direkten Kontakte der Phönizier und Karthager mit
der vorrömischen Bevölkerung der iberischen Halbinsel gelangte der Schriftexport auch dorthin. Die iberische Schrift, die
seit dem ausgehenden 4. Jahrhundert v. Chr. in Inschriften bezeugt ist, steht in einer deutlichen Relation zum phönizischen
Prototyp. Es sind aber auch Einflüsse aus dem Nordosten zu erkennen, wo die griechische Kolonie Emporion (Ampurias) zum
Vorbild für städtische Lebensweisen wurde. In der iberischen
Schrift kommt der Einfluß griechischer Schriftlichkeit in der Assoziation bestimmter Konsonantenzeichen mit vokalischen
Lautwerten zum Ausdruck, und hierbei ist eine für das griechische Alphabet typische Distribution zu erkennen.

Eine Besonderheit der iberischen Schrift ist ihr zusätzlicher
Bestand an Silbenzeichen. Ungeklärt ist, ob es sich bei diesem
Repertoire an Silbenzeichen um ein altes kulturelles Substrat un-
bekannter Herkunft handelt oder um eine lokale Innovation,
die allerdings vom schrifthistorischen Gesichtspunkt gleichsam
einen Rückgriff auf ein älteres Schreibprinzip, das der Silbenschrift, bedeutet. Kürzlich ist der Versuch unternommen worden, die Quelle des Gebrauchs von Silbenzeichen für das Iberische zu identifizieren. Die iberischen Silbenzeichen ähneln denen
des Kyprisch-Syllabischen. Die Kenntnis dieses Schriftsystems
könnte ohne weiteres mit zyprischen Seefahrern und Kaufleu-
ten, die sich in Joint Ventures mit den Phöniziern am Mittel-
meerhandel beteiligten, nach Westen gelangt sein.

Mit der iberischen Schrift, die sich in eine südliche (bastulo-
turdetanische) und eine nördliche (iberische) Variante differenziert, wurde nicht nur das Iberische selbst, sondern auch das auf
der iberischen Halbinsel verbreitete Keltiberische, die Sprache
der an iberische Kultur assimilierten Kelten, geschrieben. Die
aus dem Süden überlieferten Inschriften sind linksläufig (wie das
Phönizische und Karthagische), die nördlichen dagegen rechts-

läufig. Hier zeigt sich griechischer Einfluß, denn auch griechische Texte werden seit dem 7. Jahrhundert v. Chr. rechtsläufig geschrieben.

Die Affiliationen der phönizischen Schrift im Nahen Osten

Der Kulturtransfer der phönizischen Schrift verlief nicht nur über den Seeweg nach Westen, sondern entfaltete sich auch im Binnenland. Die semitischen Nachbarn der Phönizier, die Hebräer im Süden (aus denen sich ethnisch erst im Verlauf des 7.–5. Jahrhunderts v. Chr. das Judentum entwickelte) und die Aramäer im Osten, übernahmen die phönizische Schrift und adaptierten sie für ihre Sprachen (Abb. 22). Auch die Moabiter verwendeten die phönizische Schrift. Es ist aber nur ein Schriftdokument überliefert, die Stele des Königs Meša aus dem 9. Jahrhundert v. Chr.

Bei den Hebräern dominierte bis ins 5. Jahrhundert v. Chr. die althebräische Schrift. Die meisten althebräischen Inschriften stammen aus dem 8. und 7. Jahrhundert v. Chr., darunter auch die Siloah-Inschrift aus Jerusalem (um 700 v. Chr.). In jener Zeit begannen ebenfalls die Samaritaner mit ihrer lokalen Sonderform des Jahwe-Kultes, die althebräische Schrift für ihre Sprache, eine Variante des Aramäischen, zu verwenden. Die althebräische Schrift hielt sich auch in späteren Jahrhunderten, ihr Gebrauch war aber in Münzlegenden isoliert (2. Jahrhundert v. Chr.; 1. und 2. Jahrhundert n. Chr.). In den biblischen Texten aus Qumran ist eine archaische Funktion der althebräischen Schrift bewahrt, nämlich die Schreibung des Gottesnamens Jahwe, der sich visuell deutlich vom übrigen Text in Quadratschrift absetzt.

Nach der Eroberung des Nordreiches der Hebräer, Israels, im Jahre 722 v. Chr. durch die Assyrer wurden viele Hebräer ins Innere Mesopotamiens verschleppt. Im 6. Jahrhundert v. Chr. wurde die hebräische Elite des Nordstaates, Juda, nach Babylon deportiert. Während der Zeit der babylonischen Gefangenschaft (hebr. *galut*) kamen die Hebräer in direkten Kontakt mit der aramäischen Sprache, Schrift und Literatur. Als Folge der interkul-

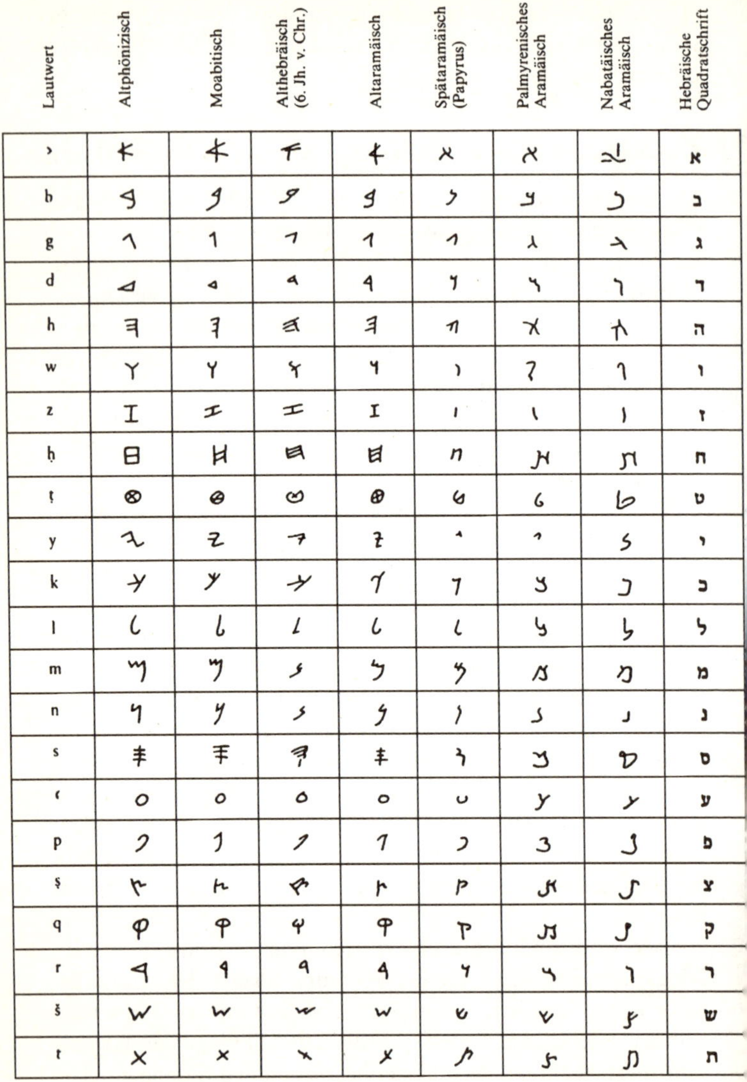

Lautwert	Altphönizisch	Moabitisch	Althebräisch (6. Jh. v. Chr.)	Altaramäisch	Spätaramäisch (Papyrus)	Palmyrenisches Aramäisch	Nabatäisches Aramäisch	Hebräische Quadratschrift
ʾ								א
b								ב
g								ג
d								ד
h								ה
w								ו
z								ז
ḥ								ח
ṭ								ט
y								י
k								כ
l								ל
m								מ
n								נ
s								ס
ʿ								ע
p								פ
ṣ								צ
q								ק
r								ר
š								ש
t								ת

Abb. 22. Affiliationen der phönizischen Schrift im Nahen Osten
(Healey 1990)

turellen Kontakte in der damaligen Metropole Babylon übernahmen die Hebräer das aramäische Alphabet und gestalteten
dessen Zeichen zu der typisch hebräischen Quadratschrift aus.
Wenn auch die ältesten Teile des Alten Testaments in althebräi-
scher Schrift aufgezeichnet worden waren, wurde später ausschließlich die Quadratschrift verwendet. Die systematische
Vokalisierung der hebräischen Schrift durch Punkte und Striche
wurde erst relativ spät eingeführt, im 5. Jahrhundert n. Chr., als
das Hebräische für die Juden nurmehr eine Fremdsprache war.

Die hebräische Schrift und die hebräische Sprache dienten
zwar in der Hauptsache den Juden als sakrale Symbole des Judaismus, diese Religion blieb aber nicht exklusiv auf das Judentum beschränkt. Im 8. Jahrhundert n. Chr. wurde die Quadratschrift zusammen mit dem Hebräischen als Sakralsprache von
den Chasaren übernommen, die sich damals zum Judaismus bekannten. Die Chasaren, ein Turkvolk im nördlichen Kaukasusvorland, kontrollierten in ihrem Reich die nordwestlichen Ver-
bindungswege der Seidenstraße. Zu ihren Untertanen gehörten
die damals auf der Halbinsel Krim lebenden Karaimen, die ihren
jüdischen Glauben über die Jahrhunderte bewahrten. Im Mittelalter wurden sie in die Ukraine und nach Litauen umgesiedelt.
Bis zum Zweiten Weltkrieg schrieben die Karaimen, ebenfalls
ein Turkvolk, ihre Sprache mit der hebräischen Schrift.

Die Schriftzeugnisse des Aramäischen sind wesentlich zahlreicher und thematisch verzweigter als das Schrifttum, das in althe-
bräischer Schrift aufgezeichnet wurde. Ein großer Teil der Texte,
die während der Antike abgefaßt wurden, sind in der Periode
entstanden, als Aramäisch offizielle Amts- und Kanzleisprache
der Königreiche des Nahen und Mittleren Ostens war, d. h. in
der Zeit zwischen 700 und 200 v. Chr. Auch das Mittelaramäi-
sche in der Zeit danach wurde häufig als Schriftsprache verwendet und in zahlreichen lokalen Varianten gesprochen. Einige der
Texte in den Schriftrollen vom Toten Meer (Qumran-Texte) sind
in Mittelaramäisch verfaßt. In der spätaramäischen Periode
wurde das Aramäische in sechs verschiedenen Varianten geschrieben, die sich auf lokale Dialekte in einer Zone zwischen
Palästina und Mesopotamien stützten. Eine dieser schriftsprach-

lichen Varianten, das in Palästina verwendete Aramäisch, differenzierte sich kulturell-milieuspezifisch in das Jüdisch-Palästinensische und in das Christlich-Palästinensische aus.

Anders als im Fall der konservativen Schriftvarianten des Altphönizischen und Althebräischen entwickelte die aramäische Schrift einen von der historischen Originalversion deutlich abweichenden kursiven Schreibstil. Während die aramäische Kursive in Palmyra und Nabatäa auch als Monumentalschrift Verwendung fand, wurde sie anderswo für Texte auf Papyrus und auf Leder bevorzugt. Die meisten und am besten erhaltenen Papyri aus der Zeit zwischen dem 6. und 3. Jahrhundert v. Chr. stammen aus Ägypten (Hermopolis, Elephantine, Arsham-Dokumente).

Die althebräische und aramäische Schrift haben Eigenheiten entwickelt, die in der phönizischen Schrift unbekannt sind. Außer Konsonanten werden verschiedentlich auch Vokale geschrieben. Im aramäischen Schriftgebrauch betrifft dies inlautende und auslautende Vokale, in der althebräischen Schrift dagegen konnten Vokale im Wortauslaut geschrieben werden, und zwar die Vokale /o/, /a/ oder /e/ mit Hilfe des Konsonantenzeichens *h*. Der Buchstabe *w* diente zur Schreibung von /u/, und mit *y* wurde der Vokal /i/ bezeichnet. Die Vokalisierung der Buchstabenschrift ist aber weder im Althebräischen noch im Aramäischen konsequent durchgeführt worden. Insofern unterscheiden sich beide Schriftsysteme von der griechischen Alphabetschrift mit ihrer systematischen Vokalbezeichnung. Andererseits zeigt das Experimentieren mit dieser visuellen Technik im Nahen Osten, daß die Berücksichtigung von Vokalbezeichnungen hier wie in Europa als wünschenswerte Erweiterung der Schreibkonventionen empfunden wurde.

Die Rolle von Kultursprachen und Basisschriften für die Verbreitung des alphabetischen Prinzips

Der Transfer eines Schriftsystems über die engeren Grenzen einer bestimmten Sprachgemeinschaft oder lokalen Gesellschaft hinaus in andere Kulturen war von Anbeginn ein wichtiger Faktor für die Kontinuität der Schrifttechnologie. Für die Verbrei tung einer Schriftart sind nicht unbedingt die Menschen, die sie als Vertreter einer bestimmten Kultur selbst benutzen, verantwortlich, sondern diese Leistung kann auch allein von der Sprache ausgehen, die in der betreffenden Schrift geschrieben wird. Die Geschichte kennt etliche Beispiele dafür, daß einzelne Schriftsysteme in enger Assoziation mit bestimmten Kultursprachen besondere Impulse für die Verbreitung von Schriftlichkeit vermittelt haben. Die babylonische Keilschrift als visueller Ausdruck des Akkadischen in Assoziation mit dieser Kultursprache war eine solche Kombination, und diese beiden Kulturträger strahlten in viele Regionen des Alten Orients aus.

Die zahlreichen Affiliationen der Keilschrift, die elamische, hurritische, hethitische, urartäische und altpersische Variante, leiten sich alle von einem bestimmten Modell ab, das gleichsam die Rolle einer Basisschrift übernimmt. Im Fall der zahlreichen Keilschriftableitungen war dies die akkadische Basisschrift. Andere voralphabetische Basisschriften sind Linear A auf Kreta, von dem sich die zyprischen Silbensysteme und Linear B ableiten, die ägyptische Schrift, aus der die meroitische Schrift entwickelt wurde, und das System der chinesischen Logogramme, aus deren Zeichenrepertoire die japanischen Syllabare, das vietnamesische Nom-System und die koreanische Hanja-Schreibweise abgeleitet worden sind.

Ebenfalls auf der kombinierten Ausstrahlungsdynamik von Basisschrift und Kultursprachenprestige beruht das Ableitungspotential von Alphabetschriften. Von den regionalen Schriftaffiliationen der phönizischen Basisschrift entwickelten sich einige ihrerseits zu Kulturträgern mit Eigenprestige, wie die griechische, etruskische und lateinische Schrift in Europa, die althebräische und aramäische Schrift sowie zeitlich später die klassisch-arabische Schrift im Nahen Osten. Basisschriften entwickeln jeweils eine individuelle, spezifische Ausstrahlungsdynamik. Diese kann lokal beschränkt sein wie im Fall der althebräischen Schrift, von der nur die samaritanische Abzweigung existiert. Es gibt aber andererseits Basisschriften, deren Ableitungspotential enorm ist, wie die griechische Schrift, von der sich Dutzende von Schriftsystemen direkt oder indirekt ableiten.

Eine Basisschrift definiert sich dementsprechend als solche aufgrund ihrer prinzipiellen Ableitungskapazität, nicht aufgrund ihrer schrifttypologischen Originalität, ihrer geographischen Verbreitung oder nach der Anzahl abgeleiteter Schriftvarianten. Die Lateinschrift ist weder eine Originalschrift (wie etwa die phönizische) noch war sie ursprünglich weit verbreitet. Im Anfang war sie auf die historische Landschaft Latium beschränkt. Heutzutage ist sie allerdings – gemessen an den Hunderten lokaler Adaptionen in fünf Kontinenten – die erfolgreichste Basisschrift aller Zeiten. Auch hinsichtlich ihrer Stilvarianten ist die lateinische Schrift die produktivste der Geschichte.

Die Assoziation eines Schriftsystems mit einer bestimmten Kultursprache ist zwar eine entscheidende Voraussetzung dafür, daß Schriftaffiliationen entstehen, damit ist aber nicht von vornherein auch die Motivation festgelegt, die gleichsam der Motor für potentielle Ableitungsprozesse ist. Sprachökologische Faktoren bestimmen jeweils die Art und Weise der Motivation und die konkrete Entwicklungsrichtung eines Derivationsprozesses. Charakteristisch für die klassische Periode der von der phönizischen Schrift initiierten direkten und indirekten Alphabetvariationen (ca. 1000 – ca. 500 v. Chr.) ist der natürliche Prestigedruck des Alphabets als moderner Schreibtechnologie. In jener Zeit erfolgt die Ausbreitung der Alphabetschrift im wesentlichen frei von machtpolitischen Verstrickungen, über griechische und etruskische Vermittlung bis nach Italien, über aramäische Vermittlung bis nach Persien und Indien.

In den Kulturen Asiens gibt es keine andere Basisschrift, die so viele Ableitungen produziert hätte wie die aramäische. Die meisten Ableger der aramäischen Schrift sind indische Schriften. Der indische Schriftenkreis ist im asiatischen Kontext nach der Zahl seiner individuellen Schriftarten der vielfältigste (Abb. 23). Nach ihrer Produktivität rangieren die indischen Schriften im Weltmaßstab hinter den Variationen der lateinischen Schrift an zweiter Stelle. Vor dem Transfer der aramäischen Schrift aus dem Mittleren Osten nach Indien war die Kultur der Indo-Arier über tausend Jahre lang schriftlos. Mit der Schrift der alten Indus-Zivilisation, die zwischen 2600 und 1800 v. Chr. in Gebrauch war, stehen die ältesten indischen Schriften, die Kharosthi- und Brahmi-Schrift, in keiner historischen Beziehung. Als im 4. Jahrhundert v. Chr. Indien erneut ins Licht der Geschichte trat, kamen die Impulse zum Schriftgebrauch nicht aus der lokalen Tradition, sondern von außerhalb.

Die Kharosthi-Schrift, die ihren Namen nach ihrem mythischen Schöpfer erhalten hat, ist zwar inschriftlich später als die Brahmi-Schrift bezeugt, ihr Schriftduktus ähnelt aber dem der aramäischen Basisschrift mehr als Brahmi. Der Geltungsbereich der seit dem 3. Jahrhundert v. Chr. verwendeten Kharosthi-Schrift war auf den Nordwesten Indiens und auf Zentralasien

Abb. 23. Die Ausgliederung indischer Schriftsysteme (Haarmann 1992)

beschränkt. In der Schriftart der Kharosthi wurden nicht nur indische Prakrit-Sprachen – eine Sammelbezeichnung für Sprachvarianten der mittelindischen Periode – geschrieben, sondern
auch eine iranische Sprachvariante, das Baktrische. Die Kharosthi-Schrift ist schon im frühen Mittelalter (5. Jahrhundert
n. Chr.) außer Gebrauch gekommen und hat keinen Ableger
produziert, der noch heute verwendet würde. Sämtliche modernen indischen Schriften, die weit über Indien hinaus auch in
anderen Regionen Südasiens (Sri Lanka, Bangladesch, Myan-
mar, Kampuchea, Thailand, Laos, Vietnam, Malaysia, Indone-
sien) – und bis hin zu den Philippinen (Mindoro) – verwendet
wurden bzw. werden, gehen auf die ältere Brahmi-Schrift zurück, deren früheste Schriftzeugnisse aus dem 4. Jahrhundert
v. Chr. stammen.

Die Brahmi-Schrift produzierte als Basisschrift etliche vitale
Schriftarten, die ihrerseits die Funktion sekundärer Basisschriften übernahmen. Die älteste dieser frühen sekundären Basisschriften ist die seit dem 4. Jahrhundert unserer Zeitrechnung
bezeugte Gupta-Schrift, die sich über die Kulturkontakte der
südlichen Seidenstraße in Zentralasien verbreitete und in deren
lokalen Ablegern Sakisch und Tocharisch geschrieben wurden.
Auch das Uighurische wurde teilweise in einer Variante der
Gupta-Schrift geschrieben. Eine im 7. Jahrhundert entstandene
Ableitung der Gupta-Schrift ist die Nagari-Schrift. Diese seit
dem 11. Jahrhundert Devanagari genannte Schriftart entwik-
kelte sich im Laufe der Zeit zur am weitesten verbreiteten der
indischen Schriften. Sanskrit wird bis heute damit geschrieben.
Varianten der Devanagari-Schrift werden zur Schreibung et-
licher moderner Sprachen des indischen Subkontinents verwendet wie Hindi, Nepali, Gujarati, Marwari, Gondi u.a.

Über die Handelskontakte zwischen Indien und Südostasien
gelangten nicht nur indische Waren, sondern auch Kulturgüter
dorthin. Dazu gehörte die buddhistische Religion, die damit assoziierte religiöse Architektur, die heiligen Sprachen und die
Brahmi-Schrift. Die älteste mit Sicherheit lokale Inschrift ist die
auf einer in Südvietnam (Provinz Khanh-hoa) gefundenen Stein-
stele aus dem 3. Jahrhundert n. Chr. In jener Gegend blühte da-

mals die Zivilisation der Champa. Aus dem 4. und 5. Jahrhundert sind Texte in der Sprache der Champa und in Sanskrit erhalten, die ebenfalls in Vietnam entstanden.

Die Adaption der Brahmi-Schrift in den anderen Regionen Südostasiens folgte einem ähnlichen Schema wie in Vietnam. Zuerst wurden religiöse Texte in Sanskrit oder Pali von lokalen Schreibern aufgezeichnet, später dann wurde die Schrift auch zur Schreibung der einheimischen Sprachen verwendet. Im Zuge des Anpassungsprozesses wurde das ursprüngliche Zeichenrepertoire variiert und graphisch modifiziert; auf diese Weise entstanden unabhängige, lokale Schriftarten zur Schreibung des Burmesischen, Singhalesischen, Khmer, Mon, Thai, Lao, Champa, Altmalaiischen, Buginesischen, Javanesischen, Sundanesischen, Balinesischen u. a. Die geographisch am weitesten vom Ursprungsland der Brahmi-Schrift entfernten Sprachgemeinschaften, die ihre Sprachen in indischen Schriftvarianten geschrieben haben, sind die austronesischen auf den Philippinen. Obwohl mit der Ankunft der Spanier im 16. Jahrhundert die meisten lokalen Schriftkulturen auf die Lateinschrift umgestellt wurden – so auch im Fall des Tagalog –, haben sich in peripheren Regionen indische Schriften bis ins 20. Jahrhundert erhalten, so bei den Hanunóo und Buhid auf Mindoro sowie bei den Tagbanua auf Palawan.

Der Transfer der indischen Schriften nach Südostasien und ihre Adaption für die dortigen Regionalsprachen zeigen, wie entscheidend das Prestigepotential einer Basisschrift für deren Ausbreitungsdynamik ist. Vom Prestigedruck getragene Transferprozesse von Basisschriften sind charakteristisch für die Entstehung zahlreicher lokaler Schriftaffiliationen in vielen Teilen der Welt, in Südostasien wie auch in anderen Regionen. Dies gilt für die Verbreitung der Lateinschrift im mittelalterlichen Europa, für die regionalen Adaptionen der kyrillischen Schrift bei den Süd- und Ostslawen, für die Adaption der arabischen Schrift bei den islamisierten Turkvölkern Osteuropas und Westasiens. Auch die Latinisierungskampagne der sowjetischen Sprachplanung, die in den 1920er Jahren (d. h. in einer Zeit, als der Stalinsche Zentralismus das Kulturleben noch nicht erfaßt hatte) noch im Zeichen einer echten Demokratisierung stand, war nicht wie die spätere Kyrillisierung der nichtrussischen Sprachen macht-politisch motiviert, sondern dem leninistischen Ideal verpflich-tet, wonach die Lateinschrift symbolisch für Fortschritt, ihre Einführung somit für eine Revolution des Kulturschaffens im Osten stand.

Machtpolitische Interessen herrschten dagegen im Prozeß der Verbreitung der Lateinschrift im römischen Reich vor sowie spä-ter während der Zeit der weltweiten europäischen Expansions-politik ab dem 16. Jahrhundert. Ein eklatanter Fall von Zwangs-export der Lateinschrift ist deren Einführung in Mittelamerika als Folge des kulturellen Genozids der spanischen Konquistado-ren. Die Kolonialpolitik der Europäer in Afrika und Asien war dem älteren machtpolitischen Prinzip «cuius regio, eius religio» verpflichtet, und dieses historisch «bewährte» Prinzip wurde für die Kulturpolitik adaptiert und umgedeutet als «cuius regio, eius lingua et scriptura». Die Lateinschrift verwurzelte in den Kolo-nialgebieten so stark, daß sie vielerorts unverzichtbar ist. Die Entwicklung der Schriftlichkeit in Vietnam illustriert diesen Sachverhalt exemplarisch. Die chinesische Schrift und ihre viet-namesischen Adaptionen sind der Lateinschrift gewichen, und trotz einer vehementen antikolonialistischen Politik und Sprach-planung, die in Vietnam praktiziert wird, ist das lateinische Alphabet mit seiner Vielzahl an diakritischen Zeichen zur Schreibung des Vietnamesischen ein Kristallisationspunkt für die kulturelle Identität aller Vietnamesen, sowohl im Süden als auch im Norden des Landes.

Isolierte Alphabetschöpfungen in Europa und Asien

Zu den interessantesten Experimenten mit dem alphabetischen Prinzip gehören einige lokale Schriftschöpfungen, die keine Ab-zweigungen von Basisschriften sind. Es sind Originalalphabete, denen das alphabetische Schreibprinzip gemeinsam ist, deren Zeichenrepertoires aber entweder vollständig oder überwiegend auf Eigenschöpfung beruhen. Diese Bedingungen sind charakte-ristisch für die irische Ogham-Schrift, für die germanischen Runen (s. Kap. 6), für die armenische und georgische Schrift im Kaukasus, für die älteste Schrift der Slawen, die Glagolica, für die altsyrjänische Schrift der Komi im Nordosten Europas (s. Kap. 6) und für das koreanische Hangul-System. Diese Schriftschöpfungen waren jeweils in besonderer Weise lokal-kulturell motiviert und blieben regional begrenzt. Ihre Entwicklung verlief räumlich wie auch zeitlich unabhängig voneinander. Eine Ausnahme ist die kulturhistorische Entwicklung im Kaukasus, wo es in der Frühphase der Christianisierung rege Kontakte zwischen Armenien und Georgien gab.

Die aus Irland, Wales, Schottland und von der Isle of Man überlieferte Ogham-Schrift wurde nach dem alphabetischen Prinzip und wohl in Anlehnung an die Buchstabenfunktionen des lateinischen Alphabets als ein System von Strichzeichen (für die Konsonanten) und Punktzeichen (für die Vokale) in vorchristlicher Zeit (d. h. vor dem 5. Jahrhundert) ausgebildet. Bis heute sind rund 360 Steininschriften gefunden worden, etwa 300 in Irland, die übrigen in den anderen Regionen mit keltischer Bevölkerung. Einige der frühen Schriftzeugnisse in archaischem Irisch lassen sich ins 3. Jahrhundert n. Chr. datieren. Vielleicht ursprünglich von Druiden als Geheimschrift konzipiert, entwickelte sich das Ogham-Alphabet zum bevorzugten Medium für Grabinschriften in Stein. Die Ogham-Schrift wurde später den Bedürfnissen der christlichen Schriftlichkeit angepaßt und war bis ins 7. Jahrhundert neben der Lateinschrift in Gebrauch.

Im Zuge der von Syrien aus betriebenen Christianisierung des Kaukasus kam es zur Entfaltung regionaler Schriftkulturen in Armenien (seit Anfang des 5. Jahrhunderts) und in Georgien (seit Mitte des 5. Jahrhunderts). Die Schriftschöpfung des armenischen Alphabets mit seinen 38 Buchstaben geht auf Mesrop zurück, den ersten Bischof des Landes und Initiator der altarmenischen religiösen Literatur. Nach armenischer und georgischer Überlieferung soll Mesrop auch die georgische Schrift geschaffen haben. Dies betrifft die ältere der beiden georgischen Alphabetvarianten, die Hutsuri-Schrift (‹Schrift der Priester›), mit ebenfalls 38 Buchstabenzeichen. Die Mhedruli-Schrift (‹Schrift der

Krieger›) ist eine jüngere Entwicklung, die erst seit dem 13. Jahrhundert in Gebrauch ist.

Im georgischen Alphabet erkennt man eine Beziehung zum Organisationsprinzip der griechischen Schrift, und zwar in der Reihenfolge der Buchstaben und ihrer Zahlenwerte. Das Zeichenrepertoire selbst ist aber weder griechisch noch syrisch inspiriert; es setzt sich aus teilweise frei erfundenen Buchstabenformen zusammen, teilweise sind auch Anleihen an ältere lokale Besitzerzeichen der Region gemacht worden. Eine ähnliche Komposition aus zwei verschiedenen Quellen (freie Schöpfungen und Assoziationen mit lokalen Besitzermarken) gilt für das armenische Alphabet.

Die älteste Schrift der Slawen, das glagolitische Alphabet, wurde von dem griechischen Missionar Konstantinos (später Kyrillos genannt, 827–869) geschaffen. Es sind immer wieder Versuche unternommen worden, das Zeichenrepertoire der Glagolica in eine Beziehung zur griechischen Minuskelschrift des 9. Jahrhunderts als deren Vorbild zu setzen. Eine einwandfreie Identifizierung der griechischen Schrift als Inspirationsquelle ist aber nicht gegeben. Die Glagolica kann daher mit einiger Berechtigung als Originalschrift klassifiziert werden. Sie wurde zur Aufzeichnung des ältesten Übersetzungsschrifttums in altslawischer Sprache (d. h. im Altkirchenslawischen) zunächst in Mähren, dann in Westbulgarien, später in Kroatien verwendet. Nur in Kroatien konnte sich die Glagolica im liturgischen Schrifttum bis in die Neuzeit behaupten. Im 15. Jahrhundert entstanden auch Druckwerke in glagolitischer Schrift. Die Glagolica ist die einzige von Kyrill geschaffene Schriftart. Das Zeichensystem der kyrillischen Schrift wurde von einem Schüler Kyrills, Kliment von Ohrid (Makedonien), ausgearbeitet. Kliment wollte offensichtlich seinen Lehrer ehren, indem er der Schrift dessen Namen gab. Die Kyrillica ist eine Abzweigung der griechischen Schrift, und zwar der Majuskelschrift des 9. Jahrhunderts.

Zu den eigenwilligsten Alphabetschöpfungen gehört die koreanische Hangul-Schrift, die in den 1440er Jahren entstand. Vor dieser Zeit gab es ein an der chinesischen Schrift orientiertes System zur Schreibung des Koreanischen, das Ido-System. Das

Schreiben einer Sprache wie des Koreanischen mit agglutinieren-
dem Sprachbau, der signifikant von dem des isolierenden Chinesisch abweicht, blieb wegen vieler Zeichen mit ambivalentem
Lautwert ein mühsames Unterfangen. Die Schaffung einer Alphabetschrift in Korea geht auf die Initiative von König Sejong
(reg. 1418–1450) zurück. Ein Gelehrtengremium unter seiner
Leitung arbeitete die Grundlagen einer *hunmin chong'um*
(‹volkstümliche Schrift›) genannten alphabetischen Schriftvariante aus, die in einem königlichen Dekret im Jahre 1446 der Öf-
fentlichkeit vorgestellt wurde.

Vokale				Konso-nanten	Doppel-konsonanten	Hauchlaute
ㅏ	a	ㅑ	ya	ㄱ k, g	ㄲ kk	ㅋ k'
ㅓ	ŏ	ㅕ	yŏ	ㄴ n		
ㅗ	o	ㅛ	yo	ㄷ t, d	ㄸ tt	ㅌ t'
ㅜ	u	ㅠ	yu	ㄹ r, l		
ㅡ	ŭ	ㅘ	wa	ㅁ m		
ㅣ	i	ㅢ	ŭi	ㅂ p, b	ㅃ pp	ㅍ p'
ㅐ	ae	ㅒ	yae	ㅅ s	ㅆ ss	
ㅔ	e	ㅖ	ye	ㅇ ng oder lautlos		ㆆ h'
ㅚ	oe	ㅙ	wae	ㅈ ch	ㅉ tch	ㅊ ch'
ㅟ	wi	ㅝ	wŏ			
		ㅞ	we			

Vokalzeichen

● Der runde Himmel; runde Zungenform, tiefer Laut (das Zeichen ist inzwischen verschwunden).
— Die ebene Erde; breite Zungenform, Mittellaut.
| Der aufrechte Mensch; Zunge geht nicht zurück; flacher Laut.

Konsonantenzeichen

ㄱ Holz   ㄷ Feuer   ㅂ Erde   ㅈ Metall   ㅇ̄ Wasser

ㄴ ‹Zungenlaute›, Zunge berührt das obere Zahnfleisch; Beispiel: n.

ㄱ ‹Hinterzahnlaute›, Zungenwurzel verschließt die Kehle; Beispiel: g, k.

ㅁ ‹Lippenlaute›, Form des Mundes; Beispiel: m.

ㅅ ‹Vorderzahnlaute›, Form der Vorderzähne; Beispiel: s.

ㅇ ‹Kehllaute›, Form der Kehle: Beispiel: ng (stummer Konsonant).

Abb. 24. Die koreanische Hangul-Schrift (Haarmann 1994)

Das alphabetische Prinzip war im damaligen Korea von den mongolischen Schriftvarianten bekannt. Von den Zeichen der *hunmin chong'um*, die später *hang'ul* («erhabene Schrift») – in vereinfachter Schreibung Hangul – genannt wurde, wird allgemein angenommen, daß sie originelle Schöpfungen sind und keinem bekannten Fremdalphabet entlehnt wurden. Allerdings wird auch die Ansicht vertreten, daß die äußere Form einiger Hangul-Zeichen auf Ähnlichkeiten mit Zeichen der mongolischen hPhags-pa-Schrift (z. B. die Zeichen für /p/, /n/ oder /l/) hinweist. Im graphischen Repertoire der Hangul-Zeichen kommt aber ein elementares experimentell-phonetisches Prinzip deutlich zur Geltung (Abb. 24), und dies ist original koreanisch. In der visuellen Erscheinung (Strichrichtung, Strichkombination) der Zeichen manifestiert sich das Bemühen der Schriftschöpfer, die Artikulationsbasis einzelner Laute zu illustrieren (z. B. bei der Schreibung der Laute /n/, /k/, /m/ oder /s/).

Bei der Zeichenselektion wurden auch bestimmte Elemente des sino-koreanischen Kulturmilieus eingebracht, und zwar elementare Ideen der chinesischen Kosmologie. Die dreigliedrige Differenzierung der Vokalzeichen beispielsweise entspricht der Dreiteilung von Himmel (kugelförmiges Zeichen), Erde (waagerechter Strich) und Mensch (senkrechter Strich).

Zur Präzision von Alphabetschriften für die Lautwiedergabe

Alphabetschriften sind ein paradoxes Phänomen. Vom technischen Standpunkt sind Schriften, die nach dem alphabetischen Prinzip organisiert sind, unbestreitbar flexibler in ihrer Anpassung an die Lautstrukturen einer beliebigen Sprache als Silbenschriften. Die optimalen Möglichkeiten einer Phonetisierung, die in Alphabeten angelegt sind, werden aber in der Regel nicht vollständig ausgeschöpft. In vielen Sprachen gelten veraltete Orthographien, die aufgrund des Primats der Traditionsbindung der Schriftkultur nicht modernisiert werden (s. u.).

Eine alphabetische Schreibweise bietet eine Präzision in der Wiedergabe linearer Lautsequenzen an, die keine Silbenschrift leisten kann. Wenn die Anpassung der Schrift an die Lautung als Ideal angesehen wird, ist das Alphabet die effektivste Technik, diesem Ideal näherzukommen. Andererseits wird bei der alphabetischen Schreibweise der assoziative Zusammenhang der Laute in Silben zerrissen. Das evolutive Entwicklungsstadium der Silbenschrift ist daher mehr als nur eine weniger präzise Vorstufe alphabetischer Schreibweisen, es repräsentiert eine symbiotische Verbindung zwischen Schreibtechnik und intuitivem Wissen über die kompositorische Technik der Silbenbildung auf Seiten des Benutzers. Merkverse und Kinderreime, die in Silbenform memoriert werden, sind aus den meisten Schriftkulturen bekannt. Die ersten Schriftzeichen, die japanische Kinder im Vorschulalter lernen, sind Silbenzeichen des Hiragana-Systems. In Hiragana werden auch japanische Kinderbücher geschrieben. Auf diese Weise gewöhnen sich japanische Kinder auf ganz natürliche Weise an die Strukturen ihrer Muttersprache.

Ein stärkeres Maß an Anpassung bedingt eine größere Abhängigkeit vom Sprachbau und gleichzeitig eine Schwächung der Autonomie der Schrift. In Alphabetschriften erreicht das Prinzip der Phonetisierung seine maximale Effizienz. Schrifttypologische Übergangsformen zwischen Syllabaren und Alphabeten sind die sogenannten silbischen Alphabete, bei denen die Schreibung von Konsonanten unterschiedliche vokalische Silbenqualitäten berücksichtigt. Beispiele hierfür bieten die Alphabete des indischen Schriftkreises und das Amharische. Silbische Alphabete stehen in Abhängigkeit zur Lautstruktur der mit ihnen geschriebenen Sprachen. Das Zeicheninventar der amharischen Schrift ist mit 182 Einzelsymbolen recht umfangreich. Der wesentliche Grund liegt in der Komplexität des Vokalsystems, weshalb sich jedes der 26 Konsonantenzeichen in sieben Grundvarianten ausdifferenziert.

Wenn die Flexibilität und Effizienz von Alphabeten hervorgehoben werden, so gilt dies für die Kapazität ihrer potentiellen Lautanpassung. In dem Maße, wie sich alphabetische Schreibweisen von Lautstrukturen abhängig machen, stellt sich das Problem, wie die Schrift auf sprachhistorische Veränderungen reagiert. Diesbezüglich zeigen sich in der Geschichte vieler Schriften große Diskrepanzen, weil die Schrift als kulturelle Institution häufig nicht mit den Lautveränderungen der Sprache Schritt hält, die damit geschrieben wird. Gerade das Englische – trotz seiner führenden Rolle im Zeitalter der Globalisierung – bewahrt mittelalterliche Schreibkonventionen, die im Vergleich zur modernen Lautung wie kulturhistorischer Ballast anmuten. Beispielsweise wird der Laut [u:] in der Schrift auf vielerlei Weise wiedergegeben: als *wo* wie in *two* ‹zwei›, als *ue* wie in *true* ‹wahr›, als *ui* wie in *fruit* ‹Frucht›, als *ew* wie in *chew* ‹kauen›, als *ough* wie in *through* ‹durch›, als *oo* wie in *choose* ‹wählen›, ganz zu schweigen von den Schreibweisen von Eigennamen. Hier sind ganz klare schrifttechnische Nachteile erkennbar, wenn nämlich die Normen einer einmalig adaptierten Alphabetschrift nicht entsprechend der sprachlichen Lautentwicklung sukzessive fortgeschrieben werden.

Von den zahlreichen Alphabetvarianten, die im Laufe der vergangenen dreitausend Jahre entstanden sind, waren etliche sehr erfolgreich. Das phönizische, aramäische, lateinische, kyrillische, arabische Alphabet, die indische Brahmi-Schrift und einige andere Alphabete wurden als Basisschriften für zahlreiche Sprachen adaptiert. Anhand der qualitativen Differenzierung des Zeichenbestands der Basisschriften kann man ermessen, wie sich die Lautstrukturen der Sprachen voneinander unterscheiden, für die die Basisschriften geschaffen worden sind.

Dem lateinischen Alphabet etwa fehlen die zahlreichen Nuancen der in der Kyrillica durch Einzelzeichen wiedergegebenen qualitativen Unterschiede zwischen Sibilanten (Zischlauten), Affrikaten (Verschlußlauten) und palatalisierten («erweichten») Lauten. Aus kulturhistorischen Gründen wird das Portugiesische mit der Lateinschrift geschrieben. In Anbetracht des komplexen Konsonantismus dieser Sprache, der durch lateinische Buchstaben nur recht unvollkommen repräsentiert wird, wäre die Anwendung der kyrillischen Schrift weitaus präziser. Im tschechischen Alphabet wird die in der Lateinschrift fehlende Differenzierung von Vokallängen und von Konsonantenqualitäten durch diakritische Zeichen ausgeglichen.

Die Buchstaben der allermeisten Alphabete sind arbiträr (willkürlich). Eine Ausnahme stellt die koreanische Hangul-Schrift mit ihrer Markierung von Artikulationsmerkmalen dar. Allein kulturhistorische Gründe sind ausschlaggebend für die Zuordnung der äußeren Form der Buchstaben zu bestimmten Lautwerten. Wie willkürlich die Konventionen der Korrelation von Schriftzeichen und Laut sind, läßt sich am Beispiel von *s* im lateinischen Alphabet zeigen. Im Deutschen werden mit *s* sowohl [s] (z. B. in Wasser), [z] (z. B. in Reise) und [ʃ] (z. B. in Spalte) bezeichnet. Im Polnischen ist neben dem einfachen *s* (für [s]) die Konsonantenverbindung *sz* (für[ʃ] wie in Warszawa) in Gebrauch. Die ungarische Graphie kennt ebenfalls diese Differenzierung, allerdings in der umgekehrten Lautzuordnung: *s* steht für [ʃ], während *sz* das stimmlose [s] wiedergibt.

Vorteile und Nachteile verschiedener alphabetischer Schreibweisen für Sprachen mit unterschiedlichen Lautstrukturen kann man anhand der Verschriftungsexperimente der sowjetischen Sprachplanung exemplarisch studieren. Der Wechsel von zwei, teilweise drei Alphabeten innerhalb weniger Jahre beweist einerseits, daß prinzipiell keine Schrift auf irgendeine Sprache festgelegt ist; es zeigt andererseits, daß bestimmte Schriftarten sich besser als andere für die Lautwiedergabe bestimmter Sprachen eignen. Beispielsweise offenbart sich der Vorteil der kyrillischen Schrift in ihrer Anwendung auf das Aserbaidschanische mit seinem komplexen Konsonantismus. Das Kyrillische bietet individuelle Zeichenformen dort an, wo der lateinische Buchstabenbestand auf diakritische Zusatzzeichen angewiesen ist.

Die in den 1920er Jahren favorisierte Lateinschrift besitzt ein schmaleres Angebot an Konsonantenzeichen als die Kyrillica. Die meisten Sprachen in der ehemaligen Sowjetunion, d. h. die Sprachen Eurasiens, zeichnen sich durch einen Konsonantismus aus, der erheblich differenzierter ist als das Lautsystem süd- und mitteleuropäischer Sprachen. Die kyrillische Schrift ist insgesamt geeigneter für die Wiedergabe der Lautstrukturen eurasischer Sprachen. Die prinzipiellen Vorteile dieser Schrift gegenüber dem lateinischen Alphabet sind allerdings dahingehend zu relativieren, daß auch die Adaption der Kyrillica für die nicht-russischen Sprachen Rußlands in erheblichem Umfang die Ver-

wendung diakritischer Zusatzzeichen erfordert hat. Der Grund-
bestand an kyrillischen Zeichen ist durch diakritische Variationen um ein Mehrfaches erweitert worden.

Die meisten Sprachen, die ein Alphabet verwenden, demon-
strieren mit ihren Schreibkonventionen verschiedene Grade einer unvollkommenen bzw. inkonsequenten Phonetisierung. Tatsächlich gibt es keine Schriftsprache der Welt, die eine perfekte
(d. h. hundertprozentige) Eins-zu-Eins-Korrelation von Laut
und Schriftzeichen entwickelt hätte.

Diejenige Sprache, die dem Ideal einer vollkommenen Korrelation am nächsten kommt, ist das Finnische. Sein Lautsystem
ist im Hinblick auf qualitative Unterschiede verhältnismäßig
einfach, komplex dagegen ist die Quantitätenkorrelation sowohl im Vokalismus als auch im Konsonantismus. Die qualitativen Lautdifferenzierungen werden sämtlich durch individuelle
Buchstaben bezeichnet. Dies sind insgesamt 24. Auf diese trifft
eine Eins-zu-Eins-Korrelation zu. Zusätzlich gibt es zwei Zeichenkombinationen mit *n* als erster Komponente (*ng* und *nk*),
womit die Laute [ŋ] (z. B. in *kuningas* ‹König›, gesprochen wie in
deutsch *Rang*) und [ŋk] (z. B. in *henki* ‹Leben; Odem›, gesprochen
wie in deutsch *Ranke*) bezeichnet werden. Eine perfekte Schrift-
Laut-Entsprechung würde ein Sonderzeichen für *n* statt dieser
Zeichenkombinationen erfordern. Von den Individualzeichen
treten drei lediglich in Lehnwörtern auf (*f, g, z*). In finnischen
Wörtern kommen [b] und [d] nur im Inlaut vor, im Anlaut sind
diese stimmhaften Konsonanten auf Lehnwörter beschränkt
(z. B. *bussi* ‹Bus›). Die Quantitätenkorrelation wird konsequent
markiert, und zwar die Kürze durch Einfachschreibung, die
Länge durch Doppelschreibung: *rima* ‹Sprosse› : *riimu* ‹Reim›,
mato ‹Wurm› : *matto* ‹Teppich›.

Wenn hier über Strategien nachgedacht wird, wie sich Schrift
der Lautung anpassen kann, und wenn konkrete Einzelfälle unter dem Gesichtspunkt analysiert werden, in welchem Ausmaß
sich ein Schriftsystem dem Ideal einer vollkommenen Lautwiedergabe annähert, sollte man bedenken, daß theoretische
Idealforderungen an ein Schriftsystem nicht nur die lineare
Lautsequenz des Wortkörpers betreffen, sondern auch satzpho-

netische Besonderheiten, etwa Intonationsmerkmale. Gemessen an einem solchen Idealniveau ist jedes Alphabet, auch das finnische, ein Kompromißsystem und höchst unvollkommen. Andererseits wäre der Umgang mit einer «perfekten» Schrift sehr umständlich.

Alphabetschriften in der modernen Sprachplanung

Das lateinische Alphabet hat sich in der Moderne als äußerst flexibles System bewährt. Ergänzt durch diakritische Zusatzzeichen ist es sogar in der Lage, eine Tonsprache wie das Vietnamesische, in dem sechs Tonstufen unterschieden werden, zu schreiben.

In der Adaption alphabetischer Schreibweisen spiegelt sich das Prinzip der kulturellen Relativität, und die Anzahl der Schriftzeichen in den lokalen Systemen differiert teilweise erheblich. Zur Schreibung des Maori auf Neuseeland reichen beispielsweise 13 Buchstaben aus. Die Begrenztheit dieses Zeicheninventars beruht auf der Einfachheit des Lautsystems. Das Armenische andererseits wird mit nicht weniger als 38 Einzelzeichen geschrieben. Der Konsonantismus dieser Sprache ist sehr differenziert. Zu seinen Besonderheiten gehören zahlreiche Sibilantenqualitäten und Affrikaten.

Ein komplexes Lautsystem setzt aber nicht automatisch auch die Verwendung zahlreicher Schriftzeichen voraus. Zur Schreibung des Irischen werden relativ wenige Zeichen verwendet, nämlich 18 Buchstaben, obwohl es eine Sprache mit einem sehr differenzierten Lautsystem aus 60 Einzellauten ist. Das Prinzip der kulturellen Relativität manifestiert sich in der irischen Orthographie darin, daß die verschiedenen Laute in der Schrift überwiegend durch spezifische Kombinationen von elementaren Buchstabenzeichen kenntlich gemacht werden, und nicht durch Sonderzeichen.

Die Festschreibung standardsprachlicher Normen und deren Fortschreibung auf der Basis einer alphabetischen Schreibweise ist das wichtigste Instrumentarium in den Alphabetisierungskampagnen der Sprachplanung des 20. Jahrhunderts, und diese

Lateinschrift		Kyrillica		Arabische Schrift	
1922–1933	1933–1939	1940–1958	1958–1991		
	seit 1991			bis 1922	
A a	A a	А а	А а	آ،ا	a
B b	B b	Б б	Б б	ب	b
V v	V v	В в	В в	و	v
K k	Q q	Г г	Г г	ق	g[1]
G g	Oꞁ oꞁ	Ғ ғ	Ғ ғ	غ	ɣ
D d	D d	Д д	Д д	د	d
E e	E e	Э, Е э, е	Е е	،ا،ٮ —	e
Ə ə	Ə ə	Ə ə	Ə ə	١، —	ä
Ƶ ƶ	Ƶ ƶ	Ж ж	Ж ж	ژ	ž
Z z	Z z	З з	З з	ز	z
I i	I i	И и	И и	ای،ی	i
Ь ь	b ь	Ы ы	Ы ы	ی	ï
J j	J j	Й й	Ј ј	ی	y
Q q	K k	К к	К к	ك	k
Oꞁ oꞁ	G g	Қ қ	К к	گ	g[2]
L l	L l	Л л	Л л	ل	l
M m	M m	М м	М м	م	m
N n	N n	Н н	Н н	ن	n
O o	O o	О о	О о	و،او	o
Ɵ ɵ	Ɵ ɵ	Ɵ ɵ	Ɵ ɵ	اؤ،و	ö
P p	P p	П п	П п	پ	p
R r	R r	Р р	Р р	ر	r
S s	S s	С с	С с	ص،ث،س	s
T t	T t	Т т	Т т	ت	t
Y y	U u	У у	У у	و،او	u
U u	Y y	Ү ү	Ү ү	اؤ،و	ü
F f	F f	Ф ф	Ф ф	ف	f
X x	X x	Х х	Х х	خ	x
H h	H h	Һ һ	Һ һ	ه،ح	h

Lateinschrift		Kyrillica		Arabische Schrift
1922–1933	1933–1939 seit 1991	1940–1958	1958–1991	bis 1922
Ç ç	C c	Ч ч	Ч ч	ﭺ č
C c	Ç ç	Ҹ ҹ	Ҹ ҹ	ﺝ j
З з	Ş ş	Ш ш	Ш ш	ﺵ š
Ņ ņ	Ņ ņ	—	—	(ﯕ) ŋ
—	—	E e	—	— ye
—	—	Ю ю	—	— yu
—	—	Я я	—	— ya

¹ dunkler Vokal
² heller Vokal

Abb. 25. Schriftsysteme des Aserbaidschanischen (Haarmann 2001)

Rolle gilt bis heute. Die kulturpolitische Entwicklung hat es mit sich gebracht, daß in weiten Teilen der Welt gar keine Alternative zur Alphabetschrift besteht. Exemplarisch zeigt sich dies in den beiden größten Experimentierfeldern mit Schriftprojekten des vergangenen Jahrhunderts, in der ehemaligen Sowjetunion und in Indien. Multikulturalität und Multilingualismus waren ein Charakteristikum der Bevölkerung in der Sowjetunion (mit ihren mehr als 120 Sprachen), und diese Eigenschaften sind ebenfalls typisch für Indien mit seinen mehr als 400 Sprachgemeinschaften.

In der Anfangsphase des historischen Experiments der sowjetischen Sprachplanung (d. h. in den frühen 1920er Jahren) war die Dynamik der Schriftreform auf die Einführung der Lateinschrift ausgerichtet. In den 1930er Jahren dagegen erfolgte die Umstellung auf die Kyrillica, in der gegen Ende der Sowjetära mehr als 70 Schriftsprachen geschrieben wurden. Nach der Auflösung des Sowjetstaates haben einige der Völker, die ihre politische Selbständigkeit erlangten, das Schriftsystem ihrer Nationalsprachen von der Kyrillica auf das lateinische Alphabet umgestellt, z. B. in Moldova, Aserbaidschan (Abb. 25) und Kasachstan.

In Indien, einem Land mit hohen Analphabetenquoten (1998: 33% der männlichen Bevölkerung und 57% der weiblichen Bevölkerung), sind 19 alphabetische Schriftvarianten in Gebrauch, mit denen mehr als 60 einheimische Sprachen geschrieben werden. Von diesen werden 13 als Amtssprachen verwendet. Die einzige Sprache, die in Lateinschrift geschrieben wird, ist das Englische, das auch in Indien amtlichen Status besitzt und nicht mehr als Kolonialsprache empfunden wird. Inzwischen ist es in Indien heimisch geworden und hat auch regionale Spezifika entwickelt. Charakteristisch für das Englische Indiens sind seine vielfältigen Interferenzeinflüsse aus dem Hindi. Die Pflege der vielen Dutzend Schriftsprachen, von denen 67 als Unterrichtssprachen Verwendung finden, und der Ausbau ihrer soziokulturellen Funktionen gehören seit Jahrzehnten zum ständigen Aufgabenbereich der indischen Sprachplanung.

Das lateinische Alphabet wird zur Schreibung der verschiedensten Sprachen in allen Kontinenten verwendet. Für etliche wichtige Sprachen der Welt, die nicht in Lateinschrift geschrieben werden (z. B. Chinesisch, Japanisch, Arabisch, Russisch) existieren Transliterationssysteme mit lateinischen Buchstaben. Sprachplaner haben sich in Afrika wie in Asien, in Amerika wie in Australien um die Verschriftung von Regionalsprachen bemüht. Besonders umfangreich war und ist das Programm der Latinisierung in Afrika, wo seit Jahrzehnten mit dem «Afrika-Alphabet» experimentiert wird.

Dieses Projekt wurde von dem 1926 gegründeten International Institute for African Languages and Cultures (IIALC) propagiert. Die Arbeit des Instituts wurde auch fortgesetzt, nachdem es seinen Namen in International African Institute (IAI) geändert hatte. In seiner ersten Publikation («Memorandum I», 1927) stellte das IIALC Textproben in sieben Sprachen zusammen, die in Lateinschrift aufgezeichnet waren. In der zweiten Auflage aus dem Jahre 1930 waren bereits Texte aus 22 afrikanischen Sprachen aufgeführt.

Die Verschriftung afrikanischer Sprachen auf der Basis des Afrika-Alphabets weicht von älteren Adaptionen des lateinischen Alphabets für Sprachen Afrikas insofern ab, als die älteren, von deutschen Forschern erarbeiteten Schriftsysteme wegen zahlreicher Diakritika zu kompliziert waren. Mit seinem Zeichenbestand orientiert sich das Afrika-Alphabet an der Lautschrift der International Phonetic Association (IPA). Viele afrikanische Schriftsysteme kommen ohne diakritische Zusatzzeichen aus. Im Somali wird beispielsweise die Vokallänge durch Doppelschreibung markiert. Andere Sprachen wiederum haben eine so komplexe Lautstruktur, daß die Verwendung diakritischer Zusatzzeichen unerläßlich ist, etwa das Hausa, eine Tonsprache.

Heute werden Dutzende afrikanischer Nationalsprachen mit lateinischen Buchstaben geschrieben. Erfolgreich war die Anwendung des Afrika-Alphabets auf einheimische Sprachen bei der Verschriftung des Ewe und Akan in Ghana, des Efik in Nigeria, des Mende in Sierra Leone, des Pulaar und Sereer im Senegal. Für andere Sprachen wie Yoruba und Igbo existierten bereits ältere Graphien auf der Basis der Lateinschrift. Die Schriftreform für diese beiden Sprachen zog sich bis in die 1980er Jahre hin. Langwierig war auch die Umstellung der Graphie für das Swahili vom älteren arabischen auf das neue lateinische Alphabet. Heutzutage wird Swahili nur noch für religiöse Zwecke gelegentlich mit arabischen Buchstaben geschrieben, während sich sonst die Lateinschrift durchgesetzt hat.

6. 7000 Jahre Schriftgeschichte in Europa

Rund zwei Jahrtausende früher als in Mesopotamien haben die Menschen in Europa begonnen, mit der Schrifttechnologie zu experimentieren. Auch in manch anderer Hinsicht war die zivilisatorische Entwicklung in Europa rasanter als im Alten Orient. Zu einer Zeit, als Çatal Hüyük in Anatolien nicht mehr bewohnt war und die Ortschaften in Mesopotamien (in der Halaf- und frühen Samarra-Periode) noch dörflichen Charakter hatten, gab es in Europa bereits stadtähnliche Siedlungen. Verschiedene

Techniken der Metallverarbeitung lassen sich in Europa eher nachweisen als in Mesopotamien. Der älteste Goldschatz der Welt, der um 4500 v. Chr. datiert wird, stammt aus einem Gräberfeld nahe Varna in Bulgarien.

Der Hinweis auf europäische Rekorde in der Kulturentwicklung sollte nicht als Ausdruck eines unterschwelligen Eurozentrismus mißverstanden werden, vor allem deshalb nicht, weil ja gerade die Schriftgeschichte zeigt, wie erfolgreich sich die Schrifttechnologie von Mesopotamien aus verbreitet hat und wie stark die Impulse und Einflüsse waren, die vom Nahen Osten nach Europa ausstrahlten. Dies allerdings sind Kontaktphänomene einer viel jüngeren Zeitepoche (2. Jahrtausend v. Chr.).

Die natürliche Entwicklung der Schriftlichkeit in Südosteuropa wird unterbrochen, als indoeuropäische Viehnomaden aus der südrussischen Steppe in die Siedlungsgebiete der Alteuropäer vordringen. In mehreren Migrationswellen gelangen sie bis in den Westen und Süden der Balkanhalbinsel. Die Donauzivilisation verliert allmählich ihr kulturelles Gepräge, der Schriftgebrauch erlischt um 3200 v. Chr. Nur wenige Jahrhunderte später, um die Mitte des 3. Jahrtausends v. Chr., lebt das balkanische Kulturerbe wieder auf, und zwar auf Kreta und den Kykladeninseln, wohin viele Bewohner der Donauebene geflohen waren: Es entstehen die ältesten Schriftzeugnisse der minoischen Linearschrift (Linear A). Die Schrifttradition Altkretas, die man vor der Entdeckung der Schriftdenkmäler im Donauraum für die älteste Europas hielt, hat die Kulturentwicklung in der gesamten ägäischen Region, auf dem griechischen Festland und in Zypern begleitet. Nachwirkungen der altägäischen Schriftkultur lassen sich im gesamten Mittelmeerraum, bis nach Nordafrika und auf die Iberische Halbinsel nachweisen (s. Kap. 5).

Mit der Adaption der semitischen Alphabetschrift und deren Weiterentwicklung beginnt der eigentliche Siegeszug der Schrifttechnologie auf europäischem Boden. Von den zahlreichen Varianten der Alphabetschrift, die in diesem Kontinent im Laufe der Antike entstanden sind, zeichnen sich zwei durch ihre enorme Ausstrahlung und geographische Verbreitung aus: die griechische und die lateinische Schrift. Diese beiden Schriftarten haben

auf die spätere Schriftentwicklung der europäischen Kulturland-
schaften entscheidend eingewirkt. Bereits in der Spätantike teilt
sich Europa in zwei Hemisphären, in eine lateinisch dominierte
westliche und in eine griechisch dominierte östliche. Diese Tren-
nung impliziert nicht nur den Kontrast verschiedener Sprachen
und Schriftsysteme, mit diesen Medien assoziieren sich auch
kulturelle Institutionen, die nicht unmittelbar sprachbezogen
sind. Im Westen etabliert sich das Christentum römischer Prägung, während in weiten Teilen Osteuropas das griechisch-
orthodoxe Christentum seit dem Frühmittelalter seine Geltung
entfaltet.

Die Entwicklung der Schriftkultur ist im Westen eng an die la-
teinischsprachige Literatur der Antike und an das Lateinische
als literarisches Medium geknüpft. Im östlichen Kulturkreis dagegen emanzipieren sich die Volkssprachen früh gegenüber der
griechischen Kultursprache. In altkirchenslawischer Sprache
entsteht religiöse Übersetzungsliteratur zu einer Zeit, als die Literalität der romanischen Volkssprachen Westeuropas noch in
ihren Kinderschuhen steckt. Das Altmakedonische, Altbulgari-
sche und Altrussische entziehen sich der totalen Kontrolle des
griechischen schriftsprachlichen Vorbildes, indem in ihnen Ori-
ginalliteratur produziert wird. Die Eigenständigkeit der slawi-
schen Kulturentwicklung im Osten Europas ist auch daran zu
erkennen, daß die griechische Schrift nicht einfach übernommen
wird, sondern eigene Alphabete entstehen, die glagolitische und
kyrillische Schrift.

Die Schriftentwicklung in Osteuropa ist bis heute komplexer
als die im Westen. Seit der Zeit der römischen Kolonisation hat
in Westeuropa die Lateinschrift dominiert. Andere lokale Schriften sind rasch verdrängt worden. In Osteuropa hat sich im gleichen Zeitraum das Schrifttum in einer immer größeren Vielfalt
an Schriftsystemen entfaltet. Zur anfänglichen Verwendung des
griechischen Alphabets tritt die Lateinschrift (seit der Einrichtung der römischen Balkanprovinzen). Seit dem Mittelalter sind
die Glagolica und die Kyrillica in Gebrauch. Die türkischen Völker, die im Verlauf des 1. Jahrtausends unserer Zeitrechnung ins
Kaukasusvorland, nach Südrußland und in die Ukraine vordrin-

gen, dort Reiche gründen und unter islamischem Einfluß lokale Schriftkulturen schaffen, verwenden von Anbeginn das arabische Alphabet, das sich fest etabliert und jahrhundertelang floriert. Diese Schriftart dient auch als Vorbild bei der Verschriftung kleinerer Turksprachen im 19. Jahrhundert. Erst in den 1920er Jahren wird die arabische Schrift zur Schreibung türkischer und kaukasischer Sprachen von den sowjetischen Sprachplanern abgeschafft. Ersetzt wird sie durch das lateinische Alphabet, wenige Jahre darauf durch die Kyrillica. Einige Turkvölker haben, nachdem sich die Sowjetunion aufgelöst hatte und ihre Regionen unabhängig wurden, wieder auf die Lateinschrift zurückgegriffen, so beispielsweise die Aserbaidschaner (s. Abb. 25).

Sämtliche Schriftsysteme mit weiter Verbreitung, die heutzutage in Europa verwendet werden, sind keine Originalschriften, sondern ihrerseits Ableger älterer Originalschriften. Die Epoche, als europäische Sprachen mit einheimischen Schriftsystemen geschrieben wurden wie in Alteuropa oder in Altkreta (kretische Hieroglyphen), endete nicht mit der Einführung des Alphabets. In peripheren Regionen unseres Kontinents sind auch später noch Originalschriften entstanden und haben sich eine Zeitlang gegen die Konkurrenz anderer Schriften behaupten können. Dies gilt für die Ogham-Schrift in Irland, das armenische und georgische Alphabet im Kaukasus, die Glagolica bei den Südslawen, die ungarische Kerbschrift und die sogenannte Abur-Schrift bei den Komi (Komi-Syrjänen) im Nordosten des europäischen Rußland. Jede dieser lokalen Schriftschöpfungen kam unter spezifisch lokalen kulturhistorischen Bedingungen zum Tragen.

In einer Kontaktregion, wo Impulse aus der römisch-lateinischen Welt auf die traditionelle keltische Kultur einwirkten, entstand die Ogham (bzw. Ogam) genannte keltische Originalschrift (s. Kap. 5). Das alphabetische Prinzip wurde vom Lateinischen adaptiert, das Zeichenrepertoire von Ogham ist aber original keltisch. Die ältesten Inschriften Irlands stammen noch aus der vorchristlichen Ära (3. Jahrhundert). Als sich im 5. Jahrhundert das Christentum in Irland verbreitete, gelangten auch das Lateinische und die Lateinschrift auf die Insel. Fast zwei Jahrhunderte

lang wurde in Irland das Altirische (Gälische) in Ogham geschrieben, während das Lateinische als Bildungssprache verwendet wurde. Um 650 begann man, auch das Irische in Lateinschrift zu schreiben. Damals erlebte die Schriftkultur in Ogham
ihren Niedergang. Zur Zeit der irischen Mission – als die Mis-
sionare aus Irland aufs Festland gingen, um die germanischen
Heiden zu bekehren – war nur noch die Lateinschrift in Gebrauch.

Damals florierte im Norden Europas eine einheimische
Schriftkultur, die ebenfalls im Kontakt mit der römischen Welt
entstanden war, sich aber jahrhundertelang unabhängig vom
Lateinischen und der Lateinschrift entwickelte, die der germanischen Runen. Das System der Runenzeichen, von denen jedes
einzelne in der mythischen Überlieferung der Germanen eine
magische Bedeutung hatte, wurde offensichtlich von einem elitären Kreis von Zauberern als Geheimwissen gehütet, denn in der
ältesten Version des Runenalphabets – nach den ersten sechs
Buchstaben (F, U, TH, A, R, K) Futhark genannt – sind kaum
mehr als 220 Inschriften erhalten geblieben. Diese aus der Zeit
vom 1. bis 8. Jahrhundert stammenden Inschriften im sogenannten älteren Futhark mit 24 Zeichen stehen sämtlich in einem ma-
gisch-religiösen Zusammenhang.

Zwischen dem 9. und 12. Jahrhundert verwendete man das
jüngere Runenalphabet, das nordische Futhark, mit lediglich 16
Zeichen. Die Zahl der Inschriften im jüngeren Futhark geht in
die Tausende. Mehr als 3000 davon sind allein in Schweden gefunden worden. Diese Schriftart hatte weite Verbreitung. Runentexte sind nicht nur im Kernland der altnordischen Kultur
entstanden, sondern auch in den zahllosen Handelsniederlas-
sungen und Kolonien, die die Wikinger gründeten, von Grön-
land bis Rußland, von den britischen Inseln bis Bosnien. Der
längste bisher bekannte Runentext ist der auf dem Stein von
Rök (Schweden) aus dem 9. Jahrhundert, der rund 750 Zeichen
umfaßt. Bis ins 10. Jahrhundert fanden die mit Runen geschriebenen Texte ihren kulturellen Bezug in der Welt des germanischen Polytheismus, in der Spätphase der altnordischen Schrifttradition wurden auch Runentexte christlichen Inhalts verfaßt.

Als man begann, das Altnordische und später die sich daraus entwickelnden lokalen nordischen Sprachen in Lateinschrift zu schreiben, bestanden die alte germanische Kultur und die neue christliche Lebensweise nebeneinander. In vielen Wikingerfamilien wurden von den einen die alten Bräuche aufrechterhalten, von den anderen christliche Lebensweisen gepflegt. Weniger in Konkurrenz miteinander, als vielmehr im funktionalen Wechsel wurden das Runenalphabet und die Lateinschrift verwendet, die Runen vorzugsweise in Steininschriften und auf Holz, die Lateinschrift vorzugsweise auf Pergament, später auch auf Papier. Das Altgutnische, die Sprache der Bevölkerung Gotlands, wurde noch bis ins 16. Jahrhundert mit Runen geschrieben. Auch aus der Zeit danach sind noch verschiedentlich Kalendervermerke in Runen überliefert.

Eine der bislang geheimnisvollsten Schriftarten in Europa ist die altungarische Kerbschrift (ung. *rovásírás*), deren Zeichenformen entfernt an Runenzeichen erinnern. Mit der germanischen Runenschrift ist die ungarische Kerbschrift aber nicht verwandt. Auch ist die Annahme von einer möglichen kulturhistorischen Beziehung zwischen der Kerbschrift und der alttürkischen Runenschrift Sibiriens bis heute umstritten. Vor einigen Jahren ist in einem awarischen Frauengrab ein Nadelbehälter gefunden worden, der eine Inschrift in Kerbschrift trägt. Die Awaren waren vor den Ungarn in der Pannonischen Tiefebene ansässig. Ist die Kenntnis der sibirischen Runenschrift vielleicht mit den Awaren aus Zentralasien nach Europa gelangt und dort von den Ungarn angenommen worden? Nach den in Holz gekerbten Inschriften zu schließen, war die ungarische Kerbschrift bei den Széklern in Transsylvanien verbreitet und wurde vom 9. bis 12. Jahrhundert verwendet.

Eine wenig bekannte Schriftschöpfung ist das altsyrjänische Alphabet, das von dem russischen Missionar Stefan von Perm zur Schreibung des Syrjänischen (Komi-Syrjänischen), einer finnisch-ugrischen Sprache, ausgearbeitet wurde. Zu einer Zeit, als die russisch-orthodoxe Kirche noch gar kein Programm zur Missionierung nichtrussischer Völker entwickelt hatte, missionierte Stefan von 1373 bis zu seinem Tode 1395 im Siedlungsgebiet der Syrjänen (Komi) im Nordosten Europas. Um 1375 schuf er eine Schrift, Abur-Schrift genannt, die sich einerseits an den Vorbildern der griechischen und kyrillischen Schrift orientiert, andererseits in ihrem Zeichenbestand visuelle Elemente des zeitgenössischen Kulturmilieus der Syrjänen berücksichtigt, nämlich Tamga-Zeichen (Eigentumsmarken). Diese Marken wurden funktionell als Buchstabenzeichen umgedeutet. Das Verhältnis des früheren Inhalts (Name eines Besitzers) eines Zeichens zu seinem späteren Buchstabenwert ist natürlich ganz willkürlich.

Dem Schriftschöpfer Stefan ist es gelungen, das den Syrjänen vertraute Repertoire kultureller Symbole geschickt einzusetzen, um die syrjänischen «Neuchristen» an die neue Schreibtechnologie zu gewöhnen. Die Abur-Schrift war das entscheidende Medium, mit dessen Hilfe Stefan elementare Texte der christlichen Lehre ins Syrjänische übersetzte und so den Syrjänen nahebrachte. Sie blieb bis ins 17. Jahrhundert in Gebrauch. Die Missionstätigkeit Stefans und sein Schriftprojekt sind ein kulturschöpferischer Alleingang außerhalb des organisatorischen Rahmens der russisch-orthodoxen Amtskirche, deren Einfluß im Wohngebiet der Syrjänen erst wirksam wurde, nachdem die Region gegen Ende des 15. Jahrhunderts von den Russen erobert und dem Moskowiterreich eingegliedert wurde.

Zu den exotischen Schriftsystemen Europas gehören nicht nur die zahlreichen historischen Originalschriften wie Ogham, Runen oder die Abur-Schrift, sondern auch eines der sakralen Symbole des Judaismus, die hebräische Quadratschrift. Diese Schriftart, die sich mit dem Hebräischen als Sakralsprache des Judaismus in den jüdischen Enklaven verbreitete, hat in Europa eine lange Tradition, sogar eine längere als die arabische. Jüdische Kaufleute hatten sich bereits im 1. Jahrhundert unserer Zeitrechnung in europäischen Handelszentren angesiedelt, in Rom, Trier, Köln und anderen Städten. Während des Mittelalters arrangierten sich die sephardischen Juden auf der Iberischen Halbinsel mit den maurischen Herrschern. Bis zu ihrer Vertreibung durch die spanischen Christen im Jahre 1492 hatten Juden im Handel und Beamtenwesen der maurischen Teilreiche Einfluß. Die Fluchtbewegung führte die meisten Sepharden in die Balkanländer. Ein Teil wanderte auch nach Holland ab.

Im Kaukasusvorland erlebte das Hebräische und damit auch seine Schriftkultur einen überraschenden Aufschwung, als die Chasaren den Judaismus als Staatsreligion annahmen. Bereits im 7. Jahrhundert hatten sich chasarische Stammesverbände zu einem Khanat zusammengeschlossen, dessen politisches Zentrum Sarkel (Belaja Veza) wurde. Das wichtigste Handelszentrum des Khanats Chasaria war Itil, das spätere Astrachan, im Mündungsgebiet der Wolga. An der Nordroute der Seidenstraße gelegen, war Itil ein bedeutender Umschlagplatz für Waren aus Zentralasien und China, die für die europäischen Märkte bestimmt waren.

Die politischen Führer der Chasaren wurden sich bald bewußt, daß ihr Reich an der machtpolitischen Schnittstelle christlicher Vorherrschaft im Westen (Byzanz) und Süden (Georgien, Armenien) und islamischer Vormachtstellung im Osten (Reich von Choresm) lag. Als Gegengewicht gegen die rivalisierenden Weltanschauungen nahmen die Chasaren den jüdischen Glauben an, der zunächst als Staatsreligion institutionalisiert wurde, sich aber auch bei der lokalen Bevölkerung verbreitete. Jüdische Kaufleute, Rabbiner und Gelehrte wurden ins Land gerufen, die jüdische Lebensweisen verbreiteten und Kulturpflege betrieben. Jüdische Einwanderer kamen vor allem aus Byzanz und aus Susa in Persien.

Interne Streitigkeiten schwächten die politische Macht Chasarias, und im Jahre 965 zerschlug Fürst Swjatoslaw von Kiew das Khanat. Damit endete auch die Periode des Judaismus als Staatsreligion. Die hebräisch-jüdische Kultur konnte sich allerdings in einigen Enklaven lange halten, nicht nur bei Juden, sondern auch bei den Angehörigen eines Turkvolkes, den Karaimen. Bis heute leben in der Kaukasusregion Juden, und viele von ihnen sind Nachkommen der Juden Chasarias. Vom Mittelalter bis ins 18. Jahrhundert waren die Karaimen in der Bergregion im Innern der Halbinsel Krim ansässig. Während der Zeit, als ihr Wohngebiet zum Machtbereich des Chasarenkhanats gehörte, kamen die Karaimen in Kontakt mit der damaligen Staatsreligion, dem Judaismus. Diese Tradition hatte sich offensichtlich so fest eingebürgert, daß die Karaimen auch nach dem Zerfall Chasarias daran festhielten.

Von der Krim wanderten einige Gruppen der Karaimen gegen Ende des 14. Jahrhunderts nach Litauen, wo ihre Nachkommen bis heute in Trakaĭ und Panevežŷs leben. In Berichten aus der ersten Hälfte des 15. Jahrhunderts wird erwähnt, daß Karaimen damals auch in Galica und Luck in der Ukraine wohnten. Bis ins 20. Jahrhundert wurde das Karaimische in verschiedenen Schriftarten geschrieben, die älteste und wichtigste war das hebräische Alphabet. Nur noch wenige hundert Karaimen haben ihre Muttersprache bis heute bewahrt. Jüdische Religion und Schriftkultur haben sich bei ihnen nur in Resten erhalten.

Im Laufe einer langen Entwicklungsperiode vom späten Mittelalter bis zum Zeitalter des Nationalismus etabliert sich die hebräische Schrift über die Entfaltung der jüdischen Schriftkultur bei den sephardischen Juden im Westen und später bei den aschkenasischen Juden im Osten als ein fester Bestandteil der europäischen Kulturgeschichte. Sprachlich verzweigt sich die in hebräischer Schrift geschriebene Literatur in Hebräisch, Spanisch, Jiddisch und Karaimisch, woran das Hebräische und Jiddische den größten Anteil haben. Die moderne Barbarei der Hitleristen mit ihrem Plan, die Kultur des europäischen Judentums durch die physische Vernichtung ihrer Träger «auszumerzen», hat zwar erhebliche Einbrüche in der Kulturtradition zur Folge gehabt, hebräische und jiddische Schriftkultur haben sich aber inzwischen – wenn auch in weitaus bescheidenerem Umfang als vor dem Zweiten Weltkrieg – wieder belebt.

In den 1950er Jahren waren viele Europäer der Meinung, daß in Zukunft wohl keine solchen Umwälzungen zu erwarten wären, wie sie die ethnischen Säuberungen der Kriegszeit bewirkt hatten. Tatsächlich hat Europa in den vergangenen Jahrzehnten Migrationsbewegungen großen Ausmaßes erlebt. Insbesondere die Länder Westeuropas haben Millionen von Immigranten aufgenommen, Binnenmigranten aus dem östlichen Europa und Immigranten aus Asien und Afrika. Die «Neueuropäer» – Asylsuchende aus Regionen der Welt, wo ethnische Diskriminierung, politische Unruhen und wirtschaftliche Not keine Aussicht auf ein menschenwürdiges Leben bieten – haben ihre heimische Kultur mit nach Europa gebracht. Auf diese Weise sind ebenfalls zahlreiche Sprachen anderer Kontinente nach Europa gelangt.

Mit den außereuropäischen Sprachen – soweit sie verschriftet sind – ist auch deren Schriftkultur nach Europa transferiert worden. Die Lateinschrift, die von lokalen Sprachgemeinschaften in Afrika und Asien während der Kolonialzeit adaptiert worden war, kehrte in vielfach transformierten Varianten nach Europa zurück, beispielsweise in Gestalt der vietnamesischen Schriftsprache, die mit lateinischen Buchstaben und zahlreichen diakritischen Zeichen geschrieben wird. Bestimmte historische Schriftarten, die früher in Europa floriert hatten, dann aber verdrängt worden waren, kehrten mit den Immigranten zurück. Dies trifft beispielsweise auf die arabische Schrift zu, die ein fester Bestandteil der Kultur algerisch-arabischer und berberischer Immigranten in Frankreich, marokkanischer Immigranten in Italien und Belgien sowie iranischer, irakischer und afghanischer Zuwanderer in Deutschland ist.

Nach Großbritannien kamen viele Immigranten, die aus ehemaligen britischen Kolonien wie Indien, Pakistan und Bangladesch stammen. Diese Länder sind für ihre traditionsreichen Schriftkulturen bekannt, und in den Immigrantengruppen hat der Gebrauch der indischen Schriftsysteme einen europäischen Außenposten gefunden. Zweisprachige Schulprogramme für die Sprecher dieser Lokalsprachen (*community languages*) haben bewirkt, daß zahlreiche asiatische Schriftarten an englischen Schulen unterrichtet werden.

Das Spektrum der in Europa verwendeten Schriftsysteme hat sich in den vergangenen Jahren erheblich erweitert. Niemals zuvor sind in diesem Kontinent so viele verschiedene Schriftarten verwendet worden wie heute. Fast alle diese Schriftsysteme sind Varianten von Alphabetschriften. Die produktivsten dieser Schriften sind das lateinische Alphabet in West- und Mitteleuropa und das kyrillische Alphabet in Osteuropa. Der historische Geltungsbereich der Kyrillica ist erheblich geschrumpft. Heutzutage dominiert die kyrillische Schrift in Rußland, Belarus

(Weißrußland), in der Ukraine, in Bulgarien und Jugoslawien (Serbien). Im jugoslawischen Bundesstaat Montenegro sowie in Bosnien-Herzegowina rivalisiert die Kyrillica mit der Lateinschrift. Das digitale Zeitalter und seine Schriftmedien haben der Lateinschrift aber auch in Osteuropa einen enormen Aufschwung beschert.

7. Die Rückkehr zur elitären Schriftlichkeit

Die längste Zeit der Schriftgeschichte blieb die Schrifttechnologie ein Instrument elitärer Gruppen. In Mesopotamien und Ägypten waren die Mitglieder der Schreiber-Kaste hochangesehene Spezialisten, Hüter des Wissens. Diese Zivilisationen waren skribale Gesellschaften. Dies gilt auch für das antike Griechenland und die römische Ära. Die Experten, die das Schriftmonopol kontrollierten, waren entweder professionelle Schreiber (lat. *scribus* ‹Schreiber, Schriftkundiger›) oder Angehörige der sozialen und politischen Elite im Staat. Solche Verhältnisse sind auch noch aus den Nachfolgestaaten des römischen Reiches bekannt. Genaugenommen änderte sich am elitären Schriftgebrauch in der skribalen Gesellschaft nichts Wesentliches, solange die Hauptquelle für die Informationsspeicherung Handschriften waren. Von Handschriften konnten zwar Kopien angefertigt werden – bestimmte klassische Texte wurden auf diese Weise stark verfielfältigt –, aber die Kosten dafür waren erheblich, so daß das Lesen und Schreiben ein Privileg der Reichen war. Außerdem blieb die Zirkulation von Handschriften begrenzt und berührte das kulturelle Leben der breiten Masse der Bevölkerung kaum.

Erst der Buchdruck schuf technische Voraussetzungen für eine Verbreitung von Texten und stärkte damit auch die Motivation von Nichtexperten der skribalen Gesellschaft, am Informationszuwachs teilzunehmen. Je mehr gedruckte Texte zugänglich wurden, desto stärker wurde die Notwendigkeit, mit dem neuen Medium umzugehen. Insofern stehen zu Beginn der Neuzeit die

technischen Möglichkeiten des Buchdrucks, Texte (nahezu) un-
begrenzt zu vervielfältigen, der zunehmende Gebrauch der Muttersprache in der Schriftproduktion und die Motivation, Zu-
gang zum technologisierten Informationsfluß zu bekommen
(d. h. lesen zu lernen), in einem ursächlichen Zusammenhang.
Das in der Renaissance aufstrebende Akademiewesen leistet
ebenfalls einen wesentlichen Beitrag zum Informationszuwachs.

Wenn wir heutzutage den Begriff «Wissensgesellschaft» unter
Bezugnahme auf die modernen Informationstechnologien defi-
nieren, so sind wir uns kaum bewußt, daß die gleichen Faktoren
für den Aufbruch in die Neuzeit im 16. Jahrhundert verantwortlich sind: die Popularisierung neuer Informationstechnologien
mit Breitenwirkung. Ausgelöst durch die Diskussionen über all-
gemeine Bildung und Wissenszuwachs während der Zeit der
Aufklärung im 18. Jahrhundert, erlebte auch der Schriftgebrauch einen Entwicklungsschub. Im Zusammenhang mit dem
Aufbau eines auf die Allgemeinheit gerichteten Schulwesens
spielte die Schrift eine Schlüsselrolle, und das lateinische Alphabet avancierte damals schon zur am meisten verwendeten Schrift,
nicht nur Europas, sondern der ganzen Welt.

Seit die Schrift im Dienst der digitalen Informationstechnologie steht, ist kulturhistorisch zu unterscheiden zwischen primä-
rer Schriftlichkeit (die seit rund 7000 Jahren den Schriftbesitz in
einem ständig wachsenden Bevölkerungsteil fördert) und sekundärer Schriftlichkeit (die seit der Erfindung von Schreibcomputern in den 1970er Jahren zu einem elitären Instrument für
eine bereits schriftbesitzende Klasse mit gehobenem Lebensstan-
dard wurde). Die Schriftlichkeit der elektronischen Medien, die
digitale Schriftlichkeit, entfaltet ihren Geltungsbereich über eine
völlig neuartige, vormals unbekannte Technologie. Zwar hat bereits Gottfried Wilhelm von Leibniz (1646–1716) Gedanken
zum Bau einer Maschine geäußert, mit der Informationen digital, also durch Kombinationen der Ziffern 0 und 1, verarbeitet
werden könnten, bis zum Zeitalter der Elektronik aber gehörten
die Leibniz'schen Überlegungen ins Reich der Utopie.

Die bisherigen Erfahrungen mit der sekundären Schriftlichkeit (Textproduktion mit Hilfe von Schreibcomputern, TV-Texte,

SMS/textuelle Nachrichtenübermittlung per Handy, E-mail, Internet, WARP) haben gezeigt, daß sich der Schriftgebrauch um ein Vielfaches potenziert hat. Allein wegen der Masse an digitalen Informationen, die über das traditionelle Medium der Schrift im Kommunikationsprozeß zwischen Mensch und Maschine für die Menschen verfügbar gemacht werden, hat die sekundäre Schriftlichkeit der primären Schriftlichkeit den Rang abgelaufen, was aber nicht bedeutet, daß der Schriftgebrauch auf traditionellen Schriftträgern veraltet wäre. Vielmehr sind die primäre und sekundäre Schriftlichkeit eine symbiotische Verbindung eingegangen, und beide gehören heute zu unserem Alltag.

Fragt man sich nach der Zukunft der Schriftkultur im Sinn des Abbaus des Analphabetismus, so stehen wir mitten in einer paradoxalen Entwicklung. Vergleicht man nämlich die Entwicklung der Informationstechnologien im 16. und 18. Jahrhundert mit der Situation in der Network Society von heute, stellen wir einen entscheidenden Unterschied fest: Der Buchdruck und die Einrichtung eines allgemeinen Schulwesens förderten damals die Literalität, also die Verbreitung des Lesens und Schreibens bei breiteren Bevölkerungsschichten. Die digitale Schriftlichkeit (und speziell das Internet) dagegen fördert nicht unbedingt die Verbreitung der Schriftlichkeit, sondern macht lediglich eine spezialisierte Informationstechnologie für diejenigen nutzbar, die ohnehin im Milieu der traditionellen Schriftlichkeit leben.

Die digitale Schriftlichkeit emanzipiert die Massen der Analphabeten nicht, sondern teilt unsere Gesellschaft in eine Klasse der Kontrolleure des digitalen Informationsflusses (d. h. der Wissensmonopolisten) und in die große Masse derer, die von solchen Monopolen abhängig sind. Die Dominanz der Lateinschrift in der Welt der sekundären Schriftlichkeit führt uns in ein Entwicklungsstadium zurück, in dem die Schrifttechnologie ein Instrument im Dienst elitärer Gruppen war, die ihre Wissensmonopole hüteten. Die Lateinschrift geht aus diesem Prozeß als klarer Sieger über alle anderen Schriftsysteme der Welt hervor.

Literaturhinweise

Chadwick, J. (1990). Linear B, Linear A, the Cypriot connection, in: Reading the past, 137–195

Daniels, P. T./Bright, W. (Hg.) (1996). The world's writing systems. New York/Oxford

DeFrancis, J. (1989). Visible speech. The diverse oneness of writing systems. Honolulu

Dreyer, G. (1998). Umm el-Qaab I. Das prädynastische Königsgrab U-j und seine frühen Schriftzeugnisse. Mainz

Faulmann, K. (1880). Illustrirte Geschichte der Schrift. Wien (Neudruck: Nördlingen 1989)

Gimbutas, M. (1991). The civilization of the Goddess. The world of Old Europe. San Francisco

Green, M. W./Nissen, H. J. (1987). Zeichenliste der archaischen Texte aus Uruk. Berlin

Günther, H./Ludwig, O. (Hg.) (1994). Schrift und Schriftlichkeit. Ein interdisziplinäres Handbuch. Berlin/New York

Haarmann, H. (1992). Universalgeschichte der Schrift. Frankfurt/New York (2. Aufl.)

– (1994). Entstehung und Verbreitung von Alphabetschriften, in: Günther/Ludwig 1994: 329–347

– (1995). Early civilization and literacy in Europe. An inquiry into cultural continuity in the Mediterranean world. Berlin/New York

– (1998). Writing technology and the abstract mind, in: Semiotica 122, 69–97

– (1999). Schriftentwicklung und Schriftgebrauch in Südosteuropa vor der Verbreitung des Alphabets, in: Hinrichs 1999: 185–209

– (2001). Sprachtypologie und Schriftgeschichte, in: Haspelmath et al. 2001: 163–180

Haspelmath, M. et al. (Hg.) (2001). Language typology and language universals/Sprachtypologie und sprachliche Universalien/La typologie des langues et les universaux linguistiques, Bd. 1. Berlin/New York

Healey, J. F. (1990). The early alphabet, in: Reading the past 1990: 197–257

Hinrichs, U. (Hg.) (1999). Handbuch der Südosteuropa-Linguistik. Wiesbaden

Keightley, D. N. (1985). Sources of Shang history. The oracle-bone inscriptions of Bronze Age China. Los Angeles/London

Loprieno, A. (1995). Ancient Egyptian – A linguistic introduction. Cambridge/New York

Maisels, C. K. (1999). Early civilizations of the Old World. The formative histories of Egypt, the Levant, Mesopotamia, India and China. London/New York

Marcus, J. (1992). Mesoamerican writing systems. Propaganda, myth, and history in four ancient civilizations. Princeton, New Jersey

Miller, D. G. (1994). Ancient scripts and phonological knowledge. Amsterdam/Philadelphia

Parpola, A. (1994). Deciphering the Indus script. Cambridge

Reading the past. Ancient writing from cuneiform to the alphabet (introduced by J. T. Hooker). London 1990

Rudgley, R. (1998). Lost civilisations of the Stone Age. London/Sydney

Salomon, R. G. (1996). Brahmi and Kharoshthi, in: Daniels/Bright 1996: 373–383

Schele, L./Freidel, D. (1994). Die unbekannte Welt der Maya. Das Geheimnis ihrer Kultur entschlüsselt. Augsburg

Schmandt-Besserat, D. (1996). How writing came about. Austin

Stiebner, E. D./Leonhard, W. (1985). Bruckmann's Handbuch der Schrift. München (3. Aufl.)

Thomsen, M.-L. (1984). The Sumerian language. An introduction to its history and grammatical structure. Kopenhagen

Walker, C. B. F. (1990). Cuneiform, in: Reading the past 1990: 15–73

Yémen - au pays de la reine de Saba (Ausstellungskatalog). Paris 1997

Register der Schriften